会社員の仕事 見る 知るシリーズ

つくる仕事の一日

保育社
HOIKUSHA

はじめに

会社員の「つくる仕事」って、どんな仕事？

会社が販売《はんばい》する物やサービスを、ゼロから生み出す仕事です

　私たちは生活のなかで、さまざまなものを使っています。食品や飲み物、薬、洗剤《せんざい》やハブラシといった生活用品、電子レンジや冷蔵庫などの家電、文房具《ぶんぼうぐ》、カメラ、洋服や靴《くつ》……。こうした身の回りのものの多くは、会社（企業《きぎょう》）がつくり、売っています。そして、私たちはそれらをお金で買って暮らしています。

　形のあるものばかりではありません。テレビ番組や音楽、ゲームソフトといった制作物（コンテンツ）、スマホのアプリのようなIT《アイティー》サービスをつくって販売《はんばい》する会社もあります。

　会社は、よりよい物やサービスを提供することで、利益を上げるとともに、私たちの暮らしを豊かにしています。

　会社の一員として働く人のことを「会社員」といいます。会社員というと、机に向かって仕事をしている人のイメージが強いかもしれませんが、会社員として、ものづくりにたずさわっている人も、じつは数多くいるのです。

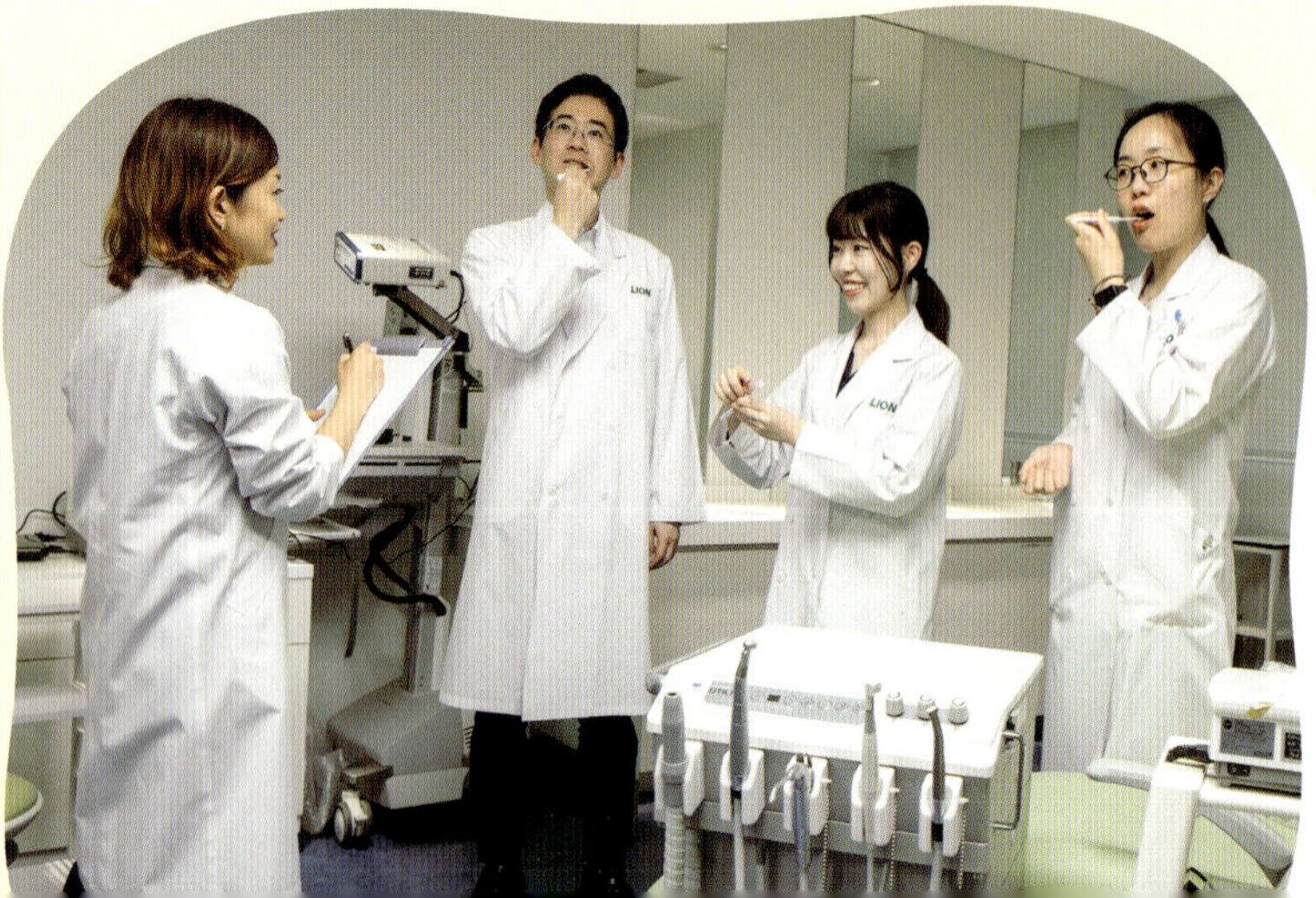

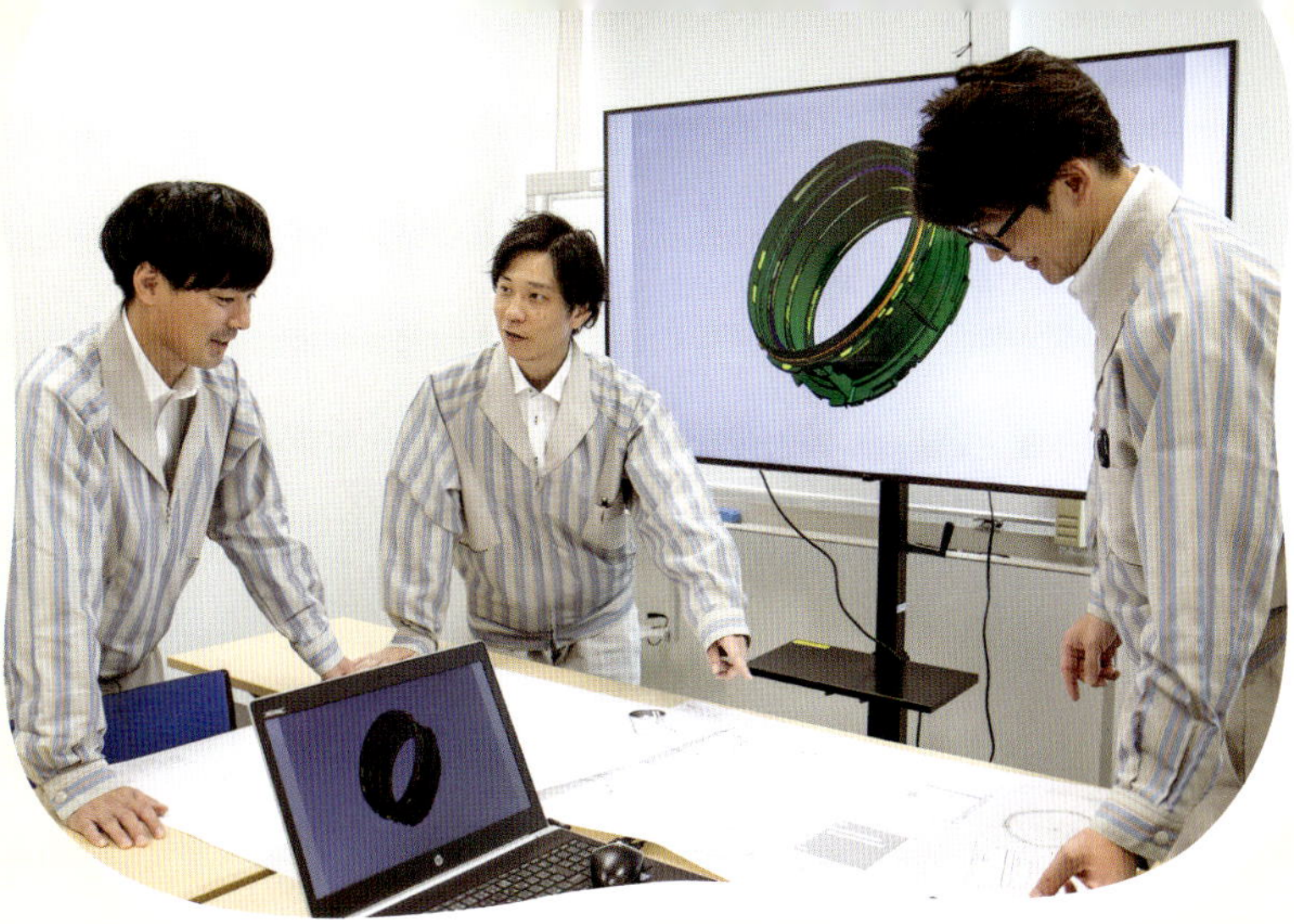

一つの商品をつくり上げるために、さまざまな職種の人たちが協力！

会社が販《はん》売《ばい》する物やサービスをまとめて「商品」と呼びます。会社が利益を上げるには、みんなが買いたくなるようなすぐれた商品を、できるだけお金や時間をかけずにつくることが重要です。

「つくる仕事」には、多様な職種があります。世の中のニーズを調べ、どんな商品をつくるか考える商《しょう》品《ひん》企《き》画《かく》職《しょく》、新しい材料や技術を生み出したり、それらを商品に生かす方法を考えたりする研究職、工場での生産工程にかかわる生産技術職など、さまざまな人たちが協力して、一つの商品をつくり上げていきます。

自分がつくり上げた商品が世の中に出て、人の役に立ったり人を喜ばせたりするというのも、「つくる仕事」の大きな魅《み》力《りょく》と言えるでしょう。

目次

Part 1 「つくる仕事」の一日を見て！ 知ろう！

インタビュー編

ほかにもある！ いろいろな「つくる仕事」

Part 2

目指せ！「つくる仕事」どうやったらなれるの？

※この本の内容や情報は、制作時点（2024年8月）のものであり、
今後変更が生じる可能性があります。

会社って、どんなところ?

会社は、だれにでもつくれる!?

「会社」という言葉を聞くと、たくさんの人が働く場所をイメージする人が多いかもしれません。しかし、働く人の数や働く場所の大きさは関係なく、必要な手続きをして国に認められれば、小さなお店も、大きな工場やオフィスも、すべて「会社」です。

会社は、お金をかせぐための集まり

会社は、お金をかせぐことを目的に設立され、経済活動を行う集まりです。経済活動とは、物やサービスを生産し、それらをお金と交換《こうかん》して使うという、人びとの営みのこと。会社は、社会から必要とされる価値のあるさまざまな物やサービスを生み出し、それを売ってお金をかせいでいます。

みんなで力を合わせるから、大きな仕事ができる!

人が集まって会社をつくることで、一人ではできない大きな仕事をやりとげることができます。これが、会社というものが存在するいちばんの意義といえるでしょう。また、仕事をするうえで信用を得やすい、お金のやりくりがスムーズにできるなどのメリットもあります。

会社員って、どんな仕事?

会社に勤め、会社の仕事を分担して行うのが「会社員」

「会社員」というのは、じつは仕事の内容を表す言葉ではありません。会社に勤めて、社員として働いている人を「会社員」といいます。会社員は、出勤する日数や時間などが決められていて、配属先や仕事内容も会社から指示されます。会社を運営するために必要なあらゆる仕事を、分担して行っているのです。

どんな仕事をしていても、会社に所属していれば会社員

例えば、取引先に自社の商品を売りこむ営業の人も、会社のお金を管理する経理の人も、仕事の内容はちがいますが、会社員です。

さらに、飲食店で接客をする人や、工場でものづくりにたずさわる人も、そのお店や工場を経営する会社の社員として働いていれば、みんな会社員ということになります。

会社に勤めていれば、
みんな「会社員」

チェック!!

フリーランスで働く人や、公務員として働く人も

会社に所属せず、個人で仕事をしている人もいます。例えば、カメラマンやイラストレーター、個人でお店を経営している人などです。また、公務員は、会社ではなく、役所、警察、消防といった国や地方自治体の機関に勤め、社会のために必要な業務にあたります。

会社にはどんな仕事があるの？

あつかう物やサービスによってさまざまな会社がありますが、会社を運営するための仕組みとして、多くの会社に共通する仕事を、役割別に紹介《しょうかい》します。

商品を売る仕事

自社の物やサービスを
お客さまに売って、
会社の利益に貢献《こうけん》します。

営業

個人のお客さまや取引先の会社などに商品を売りこみ、購入《こうにゅう》や契約《けいやく》につなげる仕事。お客さまのニーズに応じた物やサービスを提案します。

販売《はんばい》

商品を求めて来店した個人のお客さまに対して、接客や販売《はんばい》をする仕事。

営業企画《えいぎょうきかく》

営業や販売《はんばい》を担当する人たちが商品をたくさん売れるように、売り方を考える仕事。

商品をつくる仕事

新しい商品を生み出したり、
すでにある商品を改良したりします。

商品企画《しょうひんきかく》

世の中でどんなものが求められているかを分析《ぶんせき》し（市場《しじょう》調査）、売れる商品を考えて形にしていく仕事。

開発・研究

新たな素材や技術を開発したり、新商品に求められる機能を実現したりする仕事。技術的な面から商品開発を支えます。

会社を支える仕事

会社の方針や目標を定めたり、
経営に必要な業務を担当したりして、
会社の経営を支えます。

経営企画《けいえいきかく》

会社全体の経営計画を立て、実行する仕事。各部門や関係者と連携《れんけい》し、業務の調整も行います。

経理

会社のお金の流れや取引について、記録したり管理したりする仕事。

人事

採用、配置、評価、社員教育など、社内の人材を管理し、活用する仕事。

広報

メディア対応や社内報の作成など、会社の内外に向けて、自社の情報を発信する仕事。

このほかに、会社が交《か》わす契約《けいやく》や法律についてチェックする仕事、社内のIT環境《アイティーかんきょう》を整える仕事などもあります。

チェック!!

**部署の名前や仕事内容は
会社によってちがいます**

小さな会社では、部署が分かれていないこともあります。また、同じ「総務部」という名前の部署でも、会社がちがえば、担当する仕事の内容がちがうこともあります。

また、ある程度大きな会社では、「○○部」の下に「○○課」という部署があって、業務が細かく分かれています。

名刺《めいし》には部署名が書いてあります。

生産技術・生産管理

商品（製品）を工場で生産するにあたって、品質のよいものを効率的につくれるように技術的なくふうをしたり、生産ラインの整備や管理をしたりする仕事。

このほかに、デザインや設計を考える仕事、品質を管理する仕事、材料を調達する仕事などもあります。

ものづくりのスペシャリスト！

「つくる仕事」のいろいろな職種

新しい商品が形になって私たちの手もとに届くまでには、多くの工程があります。
どんな職種の人たちがどんな仕事をしているのか、
大まかな工程ごとに見てみましょう。

開発 ：どんなものをどうやってつくるか考える

●研究職

新たな素材や技術について研究する職種です。その素材や技術を、商品にどのように生かすことができるか、使い道を考えるのも、研究職の仕事です。

●商品企画職《しょうひんきかくしょく》

市場《しじょう》(商品が売買される範囲《はんい》)にどんなニーズがあるのかを調査・分析《ぶんせき》して、これから売れそうな商品を企画《きかく》し、ほかの職種と協力して形にしていく職種です。

●商品開発職、設計エンジニア

商品企画職《しょうひんきかくしょく》が考えた企画《きかく》をもとに、どうすればその商品を実現することができるかを考える職種。使う材料や、その組み合わせ方など、具体的な方法を考えます。

●デザイン職(デザイナー)

商品自体の形や色、素材、あるいはパッケージなどをデザインする職種です。見た目の美しさだけでなく、使いやすさや安全性にも配慮《はいりょ》してデザインします。

生産 ：設計に従って品質のよい製品をつくる

●生産技術職

工場でものづくりをするための手順や設備を整える職種です。品質のよいものを安くつくれるように、そして、安全に効率よく作業ができるようにします。

●生産管理職

必要な数の製品を効率よく、確実に生産するために、スケジュールを立てたり、材料や部品、設備、人員などの管理をしたりする職種です。

●製造職(技能職)

工場で実際に手を動かして、製品をつくる職種です。作業内容には、加工、組み立て、検査などの種類があり、機械を用いて作業することも多いです。

●品質管理職

生産された製品の品質をチェックし、不具合のある製品を出荷《しゅっか》しないように管理する職種。品質を保つために、生産工程の管理にたずさわることもあります。

Part
1

「つくる仕事」の一日を見て！ 知ろう！

文《ぶん》房《ぼう》具《ぐ》メーカーの商《しょう》品《ひん》企《き》画《かく》職《しょく》、
日用品メーカーの研究職、
精密機器メーカーの生産技術職、
それぞれの一日に密着！

ONE DAY

文房具《ぶんぼうぐ》メーカーの商品《しょうひん》企画《きかく》職《しょく》の一日

取材に協力してくれた会社員

加藤《かとう》 菜々子《ななこ》さん（28歳《さい》）

コクヨ株式会社
グローバルステーショナリー事業本部

どうしてこの仕事に就《つ》いたのですか？

幼いころからの夢は小学校の先生でしたが、中学生のとき、「コクヨの社員になりたい」とも思うようになりました。コクヨのドット入り罫線《けいせん》のノートを使って、「少しのくふうでこんなに書きやすくなるんだ」と感動したからです。大学卒業後、小学校の先生を3年間経験しましたが、やっぱりコクヨで商品開発をしてみたいと思い、転職しました。

この仕事のおもしろいところは？

自分の考えたアイデアが商品になって、いろいろな人に使ってもらえるのは大きな喜びです。また、企画《きかく》チームのメンバーや他部署の人といっしょに、ああでもない、こうでもないと意見を出し合って、協力して一つのものをつくり上げていく過程も、とても楽しく、やりがいを感じます。

ある一日のスケジュール

9:00	出社、情報収集
10:00	企画《きかく》会議
11:00	フィールドワーク
12:00	昼休み
13:00	会議の準備
15:30	製品化決定会議
18:00	終業

9:00 出社、情報収集

商品のアイデアはどこから思いつくの？

おはようございます！

へぇー、女子高校生には、今、こんなものが人気なんだ！

オフィス内は、フリーアドレスといって席が固定されていないスタイル。ソファ席や、立ったまま仕事ができるデスクなど、好きな席を選んで仕事ができます。

流行や社会情勢をチェックし、新商品開発のヒントに

会社が「スーパーフレックスタイム制度」を導入しているので、始業や終業の時刻は自由です。たいていは電車が混雑する時間帯をさけて、9時ごろに出社します。スーパーフレックスタイム制度では、1か月単位で決められた時間勤務すれば、一日の勤務時間も自由に調整できます。仕事内容によって、在宅での勤務も可能です。

出社したら、メールをチェックしたあと、インターネットでニュースに目を通します。文房具《ぶんぼうぐ》の新商品や流行はもちろん、「景気の変化」「少子高齢化《こうれいか》」など、社会や政治、経済のニュースまで幅広《はばひろ》くアンテナを張り、どんな商品が求められているのか、そのヒントを見つけるのです。特に気になった情報は、スライドにまとめて、同じ部署のメンバーと共有します。文房具店《ぶんぼうぐてん》などに出かけて情報収集をすることもあります（18ページ）。

企画《きかく》会議

企画《きかく》会議では どんなことを話し合うの?

学生に人気がある
「白色で統一できる文具」の
シリーズを企画《きかく》したいと
思っています!

商品開発部門など別の部署の人が企画《きかく》会議に参加することもあります。商品開発は、商品企画《しょうひんきかく》がまとめた企画書《きかくしょ》をもとに、実際の商品を形にしていく仕事です。

お客さまに求められる商品とは? チームでアイデアを話し合います

新しい商品の企画《きかく》はたいてい、「女子高校生をターゲットにした新商品を出したい」「売上○○万円を達成するための企画《きかく》を出してほしい」といった会社の方針をもとにスタートします。一つの案件を、商品企画職《しょうひんきかくしょく》3〜4人のチームで担当。企画《きかく》会議で話し合い、企画《きかく》内容をまとめていきます。

企画《きかく》を考える際に、必ず行うのが市場《しじょう》調査です。どんな商品が、どんな人に、どれくらい売れているのか、ライバル会社の商品の売れ行きはどうかなど、あらゆるデータを集めます。そこから世の中の流行やニーズ（求められているもの）を分析《ぶんせき》。「お客さまが喜ぶ商品」「売れる商品」を考え、意見を出し合いながら企画《きかく》を具体化していきます。

商品企画職《しょうひんきかくしょく》は、多いときは一人が5つほどの案件を同時に担当しています。一つの案件ごとに、週1回の企画《きかく》会議を行います。

COLUMN

新しい商品が発売されるまでの流れ

企画《きかく》から発売までの期間は、1年から2年くらい。
さまざまな部署が協力することで、新商品のアイデアが形になります。

多くの会社では、新商品の開発は、商《しょう》品《ひん》企画職《きかくしょく》が最初に新商品のアイデアを考えるところから始まります。そして、企画《きかく》の生みの親である商品《しょうひん》企画職《きかくしょく》がリーダー的な役割を務め、さまざまな職種の人たちが協力して進行していきます。企画《きかく》から発売までの期間は、文房具《ぶんぼうぐ》の場合、短くて1年、長ければ2年くらいかかります。

企画《きかく》会議を経て企画《きかく》内容がかたまったら、まず試作品を作成します。例えば同じボールペンでも、その材質や形はさまざまなので、どんな材料を使うか、どんな形にするかを検討し、実際に新しいボールペンをつくってみるのです。試作品は工場でつくることもあれば、ものによっては、商品開発部門の人が簡単な道具を使って手づくりすることもあります。

その後、生産部門と協力して、商品を製造する工場を選んで発売までのスケジュールを調整したり、製造にかかる費用を計算して商品を販売《はんばい》する価格を決めたりします。価格をおさえるために材料や形を見直すこともあります。

そして、最後の難関が製品化決定会議（20ページ）です。ここで、さまざまな部門の責任者から認められると、ようやく新商品の製品化が決定します。

製品化が決まったら、発売に向けて宣伝部門やマーケティング部門（販売促進《はんばいそくしん》部門）、営業部門と連携《れんけい》。商品を売る戦略を考えたり、文房具店《ぶんぼうぐてん》など小売店との取引に必要な資料を用意したりします。

● 商品企画《しょうひんきかく》の仕事の大まかな流れ

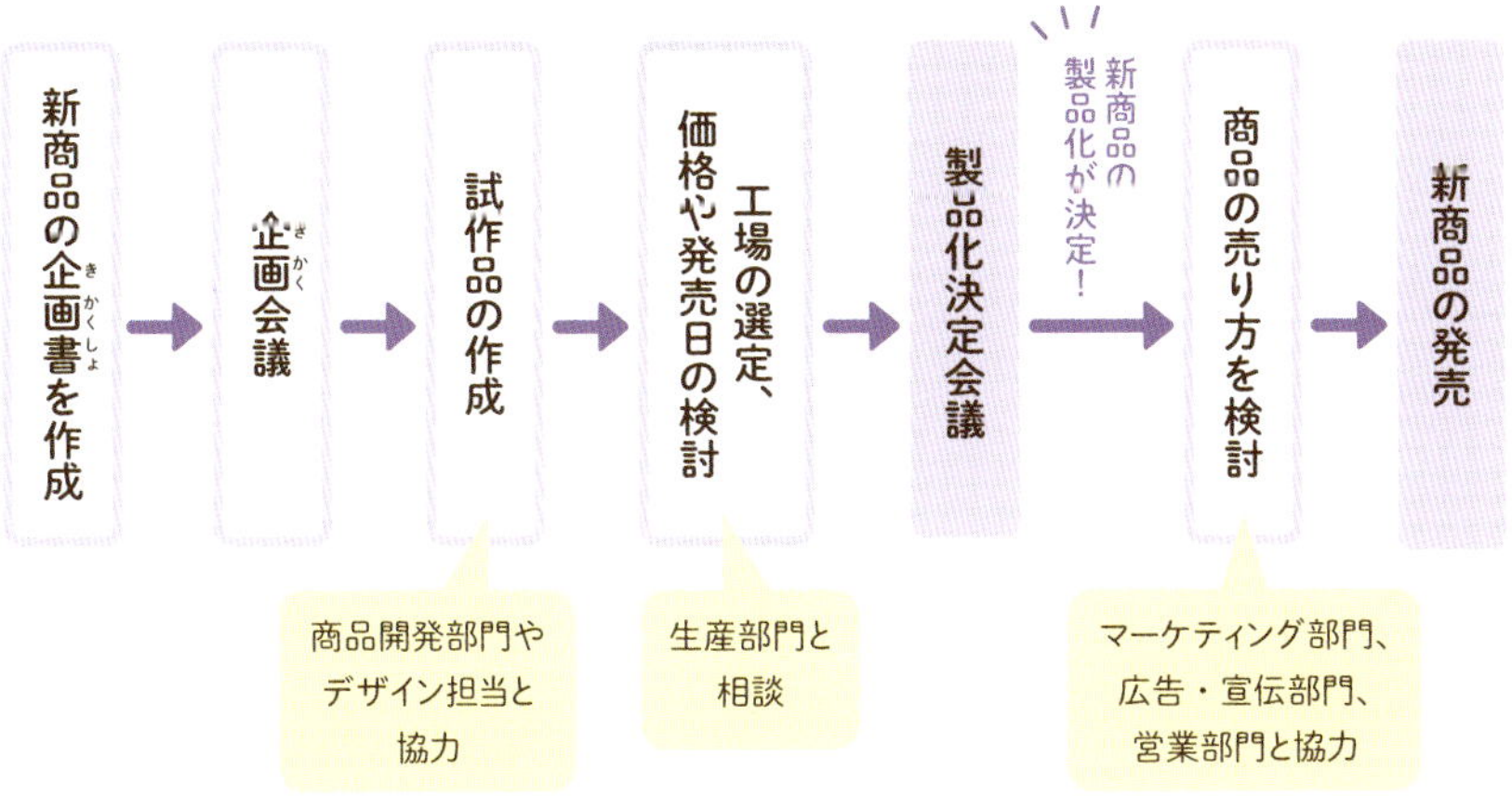

11:00

フィールドワーク

フィールドワークってどんなことをするの?

商品のパッケージや売り場のポップに書かれた宣伝文句もチェック。お客さまの心をつかむ方法を考えるヒントにします。

店頭でどんなふうに置かれていると、手にとってもらいやすいかな?

商品をヒットさせるには、見やすく手にとりやすい陳列《ちんれつ》方法もだいじ。くふうをこらした商品の展示・陳《ちん》列《れつ》方法を見つけたら、写真にとって記録することもあります。

店舗《てんぽ》に足を運んで、新商品やお客さまのようすを調査

フィールドワークとは、会社の外に出て現地で調査することです。例えば、文房具店《ぶんぼうぐてん》や本屋の文房具《ぶんぼうぐ》売り場、100円ショップなどに足を運び、新商品の売れ行き、商品の陳列《ちんれつ》方法、お客さまのようすや手にとっている商品などをチェック。「こっちのほうがかわいいね」「ちがう色がほしい」といったお客さまのちょっとした会話も重要な情報源です。文房具《ぶんぼうぐ》に限らず、雑貨や化粧品《けしょうひん》などの売り場を見て、商品のパッケージや陳列《ちんれつ》方法を参考にすることもあります。

フィールドワーク以外にも、お客さまのニーズや流行を調べるために、アンケート調査をしたり、直接、ヒアリング(聞きとり調査)をしたりすることもあります。

集めた情報は、新商品の企画《きかく》のヒントになるだけでなく、すでに発売している商品の売上をアップさせる戦略にも役立ちます。

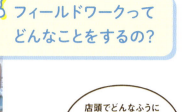

13:00

会議の準備

会議に向けてどんな準備が必要なの？

人気のある色については、
会議でくわしく
聞かれそうだから、
データを用意しておこう

説得力のある意見が言えるように、伝えるべきポイントを前もって整理しておきます。

白い文具シリーズの「GOOD《グッド》 TOOLS《ツールズ》」を企《き》画《かく》したときの試作品は、白色のバリエーションをいくつも準備。会議では、そのなかで商品として最適だと思う白色をアピールしました。

新商品の資料や試作品を用意。どんな話をするか整理します

製品化決定会議（20ページ）に向けて、企《き》画《かく》内容を説明する資料をつくったり、実際に手にとって確《かく》認《にん》してもらえるように試作品を用意したりします。資料や試作品は、会議の参加者が議論する材料となるものです。

資料には、企《き》画《かく》した商品の魅《み》力《りょく》や特長はもちろん、その商品のねらい、売上の予測や利益目標などをまとめて、新商品として発売することのメリットを伝えます。

また、資料をもとにどんな話をするのか、段どりを決めておく必要もあります。話し合いたいテーマを整理したうえで、大まかな時間配分を設定したり、参加者から質問されそうな内容を予想して、答えを用意しておいたりします。そのうえで、自分の意見を簡潔に、わかりやすく伝えられるよう、考えをまとめておきます。必ず、自分の意見をもって会議にのぞむことが大切です。

15:30

製品化決定会議

どうして
この色を
選んだの？

実際にお客さまの手に届いたときに喜んでもらえる商品をつくるために、最後まで妥協《だきょう》せずに、改善点はないかを話し合います。

準備した企画《きかく》が会議を通らない場合もあるの？

課題があれば練り直して再挑戦《さいちょうせん》。ごくまれに見送りになることも

製品化決定会議は、会社としてこの商品を発売するかどうかを決める、重要な会議です。企画《きかく》内容について、社内の多くの人に確《かく》認《にん》してもらいます。この会議を通過して初めて、新商品の製品化が決まるのです。

会議には、各部門の責任者のほか、ステーショナリー事業部全体の責任者も参加。それぞれの視点から意見を出します。例えば「このカラーバリエーションにする根拠《こんきょ》が弱いのでは？」「以前、似《に》たような商品を発売して売れなかったけど、だいじょうぶ？」など、するどい指摘《してき》が入ることも。その場で解決策を示せない課題があれば、企画《きかく》を練り直して再度会議にかけます。ごくまれにですが、企画《きかく》自体が見送りになることもあります。

企画《きかく》した新商品の製品化が決まると、充《じゅう》実感《じっかん》があります。ヒット商品を生み出すために、新たなアイデアを練る毎日です。

18:00

終業

おつかれさまでした！

終業時間は自由ですが、18時くらいに会社を出ることが多いです。

COLUMN

商品を手にとってもらうために…

新商品の情報を発信したり、店頭でのディスプレイを考えたりと、プロモーション活動も積極的に行います。

商品はつくって終わりではありません。できるだけ多くの人に買ってもらって初めて世の中の役に立ちますし、会社の利益にもなります。

多くの人に買ってもらうためには、まず、新商品の存在を知ってもらうこと、さらには、その魅力《みりょく》を伝えて「使ってみたい」「買いたい」と思ってもらうことが必要です。そこで重要なのが、宣伝や販売促《はんばいそく》進《しん》などのプロモーション活動です。

例えば、最近は新商品を発売するときには、必ずSNS《エスエヌエス》を使って宣伝を行います。その際、いつ、どんな写真や宣伝文句を投稿《とうこう》するかは、宣伝担当と商品企画職《しょうひんきかくしょく》が話し合って決めます。ホームページにのせる写真の撮影《さつえい》や原稿《げんこう》作成、雑誌やテレビなどのメディアに提供する新商品の資料作成についても同じです。

また、店頭でお客さまの目を引くようなくふうも大切です。そのために、商品をディスプレイするオリジナルのたなをつくることもあります。これを「什器《じゅうき》」と呼んでいます。商品企画職《しょうひんきかくしょく》は、什器《じゅうき》をつくる担当部署と相談して、商品が魅力的《みりょくてき》に見えて、かつ、手にとりやすい什器《じゅうき》の形や陳列《ちんれつ》方法を決定。つくった什器《じゅうき》は、商品を販売《はんばい》する店舗《てんぽ》に無償《むしょう》で提供します。

商品がより多くのお客さまの手に届くような戦略を考えて実行するのも、商品《しょうひん》企画職《きかくしょく》の仕事なのです。

SNS《エスエヌエス》への投稿《とうこう》について、宣伝担当と相談。魅力《みりょく》が伝わるように見せ方もくふうします。

シリーズの商品をまとめてディスプレイできる什器《じゅうき》を用意することで、ほかの商品もいっしょに買ってもらえるようにうながします。

ONE DAY

日用品メーカーの研究職の一日

取材に協力してくれた会社員

松室《まつむろ》 志歩《しほ》さん（29歳《さい》）

ライオン株式会社
研究開発本部

Q どうしてこの仕事に就《つ》いたのですか？

大学では化学を専攻《せんこう》していて、大学院の修士課程まで進みました。そこで学んできた知識を生かして、生活に必要な身近なものを開発してみたい、そして家族や友人などまわりの人の暮らしを豊かにする手助けができたらいいなと思い、今の会社に就職しました。

Q この仕事のおもしろいところは？

私はハブラシの開発を担当しているのですが、毛の太さや持ち手の形を0.1ミリ単位で調整したり、毛の本数を増減したりするだけで、使い心地《ここち》や機能が大きく変わることがとてもおもしろいと感じます。こだわってつくったハブラシをお客さまが購入《こうにゅう》してくださるのを見かけると、心の中でガッツポーズをするくらいうれしいです。

ある一日のスケジュール

8:30	出社、スケジュールの確認《かくにん》
9:00	企画《きかく》部門との打ち合わせ
10:00	試作品の作製
12:00	昼休み
13:00	使用感や機能の評価
15:00	データの考察
17:15	終業

8:30

出社、スケジュールの確認《かくにん》

ハブラシの開発ってどんなことをするの？

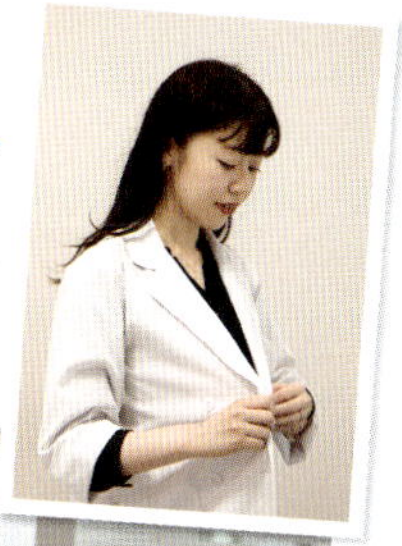

きょうも
がんばろう！

午後、
試作品の実験を
いっしょに
お願いしますね
わかりました！
評価室に
行きますね

共有されたスケジュールでチームメンバーの予定を確認《かくにん》できるので、空いている時間を見つけて実験の相談をしたり、結果の考察に協力してもらったりしています。

試作と実験をくり返し、目的に合ったハブラシを開発

ハブラシの研究職の仕事は、「むし歯を予防したい人用」「歯ぐきが弱っている人用」など、目的に合ったハブラシを考え、形にすることです。どんなハブラシをつくりたいのかを決めたら、試作品を作製し、使い心地《ここち》や機能などに関する実験をくり返して、自分たちが目指すハブラシを完成させます。

出社後は、白衣に着がえて仕事をします。実験のときにハブラシの毛がついたり、歯みがき粉で汚《よご》れたりするからです。白衣を着ると、気分も仕事モードになります。

その後、メールをチェックしてから、その日のスケジュールを確認《かくにん》します。打ち合わせの時間や、そのための準備に必要な時間を調整したり、実験の予定を立てたりするのです。一日のスケジュールは、パソコン上のデジタルスケジュール表に入力して、社内で共有しています。

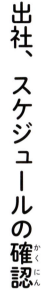

9:00

企画《きかく》部門との打ち合わせ

打ち合わせでは どんなことを話し合うの？

どのくらい カーブをつけますか？ 奥歯《おくば》のみがきやすさを 考えると…
今回の ターゲットには、 もう少しカーブのついた 形のほうが使いやすそう だよね

新商品の企画《きかく》は、企画《きかく》部門から提案されるだけでなく、研究職ならではの発想がもとになって生まれることもあります。身近にあるいろいろな物の形や素材からも、開発のヒントを得ています。

ターゲットや目的に合わせたハブラシの形やデザインを検討

新しいハブラシの開発は、企画《きかく》部門からの「歯周病に悩《なや》んでいる40代の女性に向けた、歯ぐきにやさしいハブラシをつくりたい」など、お客さま目線の提案から始まることが多いです。そこから、具体的にどんなハブラシがよいか、形や大きさ、素材などを企画《きかく》部門と二人三脚《ににんさんきゃく》で決めていきます。

言葉だけではイメージが伝わりにくいので試作品（26ページ）をつくり、実際に試作品を手にとりながら打ち合わせをします。企《き》画《かく》部門はお客さまの要望や人気のハブラシの傾向《けいこう》などにもくわしいので、「40代の女性に好まれる色は……」「この部分にはもっとカーブをつけたい」など、デザインについてもこまやかな提案をしてくれます。一方、研究職は、みがき心地《ここち》や、歯と歯ぐきの間の汚《よご》れの落としやすさなど、ハブラシの機能について意見を伝えます。

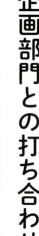

COLUMN

海外で販売《はんばい》する商品も開発

ハブラシの大きさやデザインの好みは国によってさまざま。それぞれの国に合わせた商品を現地のメンバーと協力して開発します

ライオン株式会社は、アジアを中心に、海外向けのハブラシも製造・販売《はんばい》していて、その開発にも日本にいるハブラシ開発チームがかかわっています。

国によってハブラシの好みはちがいます。例えば、東南アジアの国ぐにのハブラシは、日本のハブラシに比べてヘッド（毛が植えてある部分）がとても大きく、カラフルなものが多いです。それぞれの国のお客さまに合わせたハブラシをつくるために、現地の企画《きかく》部門や開発部門と協力して商品を開発しています。

役割分担はその都度ちがいますが、現地の企画《きかく》部門から提案された企画《きかく》のもと、現地の開発チームと日本にいる開発チームが協力して、試作や評価を進めます。

海外との仕事で苦労するのは、やはり言葉のちがいです。例えば、海外のお客さまに試作品の評価をお願いするとき、アンケートの作成やアンケート結果の確認《かくにん》は、現地の企画《きかく》部門と協力して行いますが、おたがい母国語ではない英語を使ってやりとりすることになります。そのとき、例えばハブラシの使い心地《ここち》について、「ツルツル」「キュッ」などといった英語にしづらい実感を伝え合うときには、特に時間をかけて、おたがいの認識《にんしき》を合わせます。なるべく近い感覚を共有できるように何度もコミュニケーションをとって確認《かくにん》し、海外のお客さまに喜んでもらえるハブラシを開発しています。

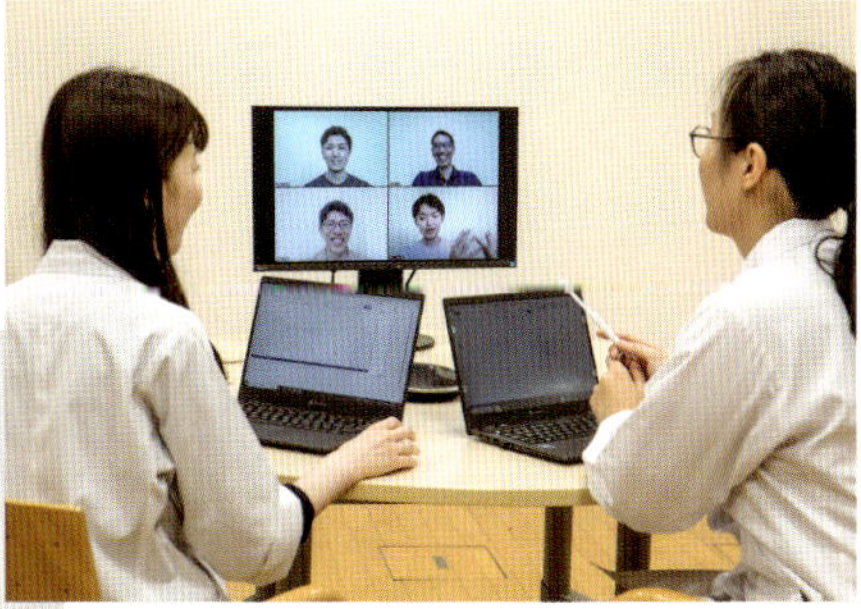

現地の開発部門や企画《きかく》部門のメンバーとは、オンラインで打ち合わせ。現地メンバーとは英語でやりとりします。

色や形が日本のものとはちがう中国やインドネシアのハブラシ。日本のハブラシ（右２本）と比べると、ちがいがよくわかります。

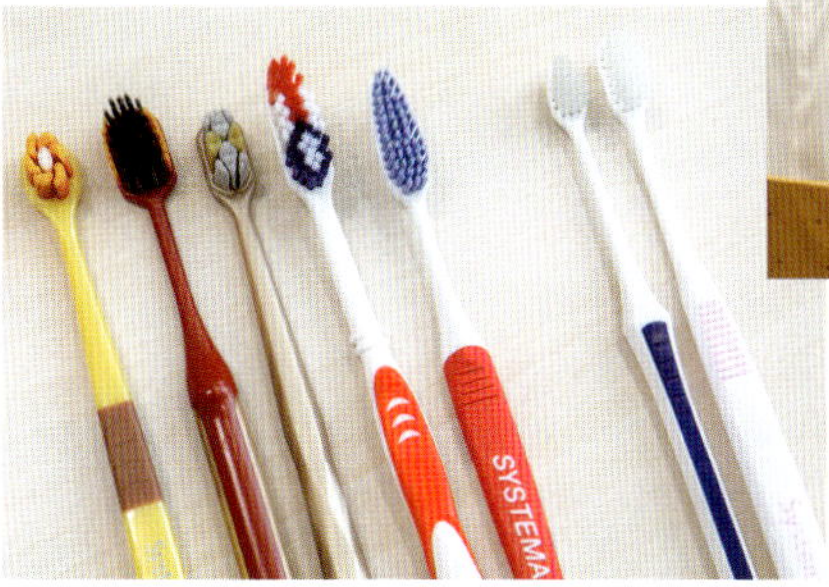

10:00

試作品の作製

試作品って、どうやってつくるの？

植毛機のハンドルを回して、一つひとつの穴に毛束を植えつけていきます。

ハブラシに使う毛の太さや形はさまざま。ひとつのハブラシにちがう種類の毛をミックスして植えることもあります。

３Ｄ《スリーディー》プリンターや植毛機を使い、細部にこだわって手づくり

新しいハブラシの形が決まるまでに、多いときには１００種類近くの試作品をつくることもあります。ハンドル（手で持つ部分）、ヘッド（毛が植えてある部分）、ネック（ヘッドとハンドルの間の部分）といった各部分の形状、毛の素材や本数などを、細かく調整するのです。

試作品は、３Ｄ《スリーディー》プリンターを使ってつくることが多いです。ブラシ部分の毛は、ヘッドに開けた穴に、「植毛機」という機械を使って手作業で植えていきます。穴の数や大きさ、穴の配列、一つの穴に植える毛の本数はハブラシによってちがいます。そのちがいによって、みがき心地《ここち》や汚《よご》れの落ち方などが大きく変わります。例えば、穴が大きく毛の本数が多いと、歯や歯ぐきへの当たり心地《ここち》はやさしくなり、小さくて毛の本数が少ないと、少しチクチクとした感触《かんしょく》になります。

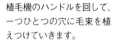

13:00

使用感や機能の評価

歯をみがいて、何を調べているの？

毛をもう少し細くすると、歯と歯ぐきの間に入りやすくなって、さらに清掃《せいそう》実感が高くなるかもしれません

試作品で歯みがきを行うだけでなく、コンピュータを使ってハブラシの毛がどこにどのくらいの圧力で当たっているかを調べたり、汚《よご》れがどのくらい落ちるのかを実験したりと、さまざまな評価を行います。

奥歯《おくば》まで届く？ 清掃《せいそう》実感は？ 使った感触《かんしょく》や感覚を確かめます

ハブラシの形がある程度決まったら、試作品を使ってみがき心地《ごこち》と機能を確かめる実験を行います。

まずは、数人の開発担当者が、試作品で歯をみがき、感触《かんしょく》はどうか、奥歯《おくば》に届くか、清《せい》掃《そう》実感（汚《よご》れが落ちている感じ）があるか、ハンドルは持ちやすいかといった使用感を確かめます。歯並びや口の大きさなど、口の状態には個人差があるので、複数人で意見を出し合うことが大切です。使用感の評価は、ほかの開発チームのメンバーやお客さまにも協力してもらい、さらに多くの人数でも行います。

安全に使えるかどうかの評価も必要です。保管する環境《かんきょう》によって機能が変わらないかどうかの確認《かくにん》や、くり返し使うことを想定した実験も行います。実験室では、作業の内容に応じて、保護メガネやグローブなど適切な保護具を着用します。

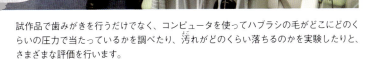

15:00

データの考察

データの考察って何をするの？

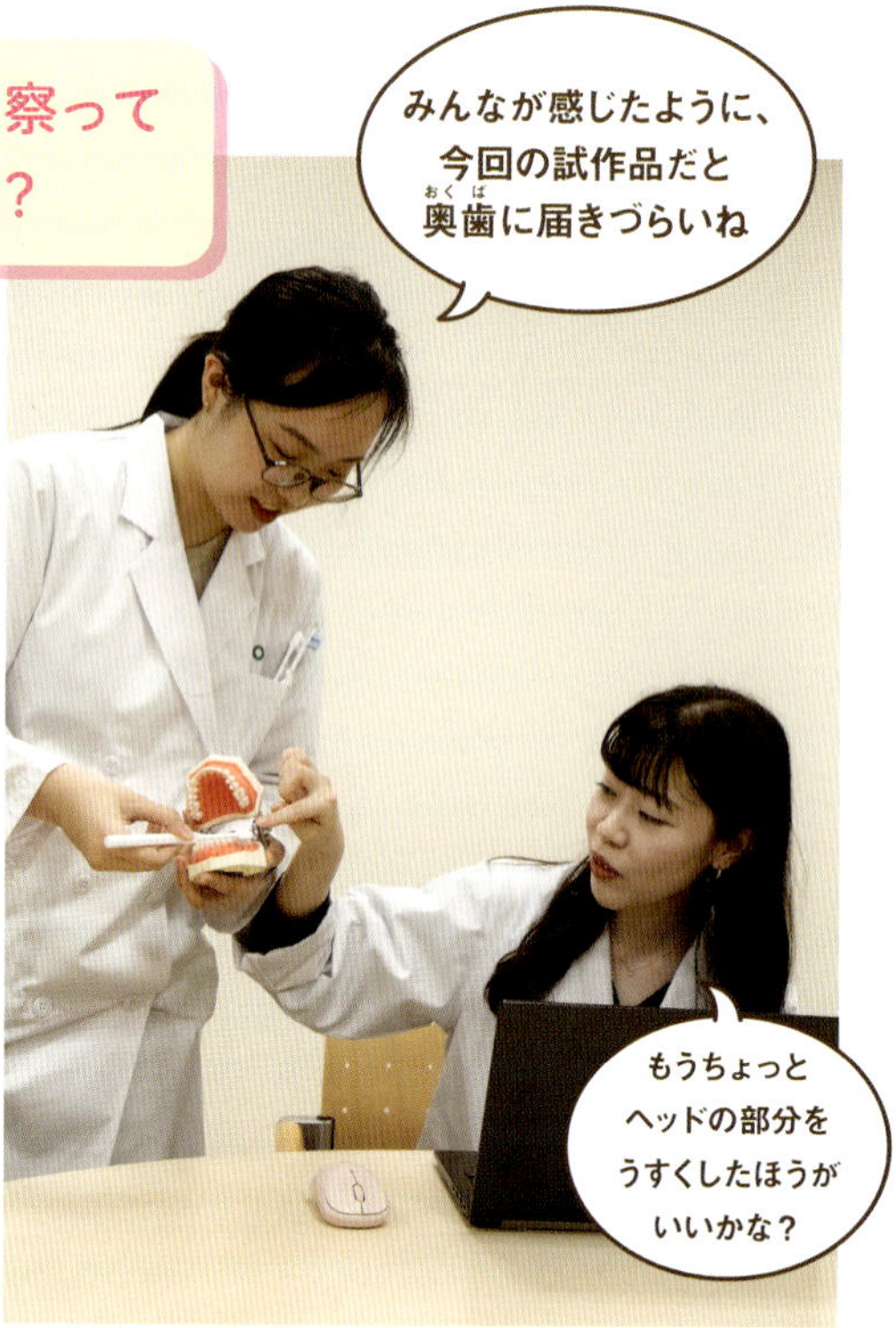
みんなが感じたように、
今回の試作品だと
奥歯《おくば》に届きづらいね
もうちょっと
ヘッドの部分を
うすくしたほうが
いいかな？

実験でわかったよかったところ、悪かったところについて、なぜそのような結果が得られたのか原因をさぐり、よりよくするためにできることを考えます。

17:15

終業

おつかれさまでした！

実験の結果について、原因や改善点をさぐります

実験を行ったあとには、必ずその結果をまとめて、考察します。考察とは、実験のとき「歯と歯の間にハブラシの毛が入りにくい」「歯ぐきへの刺激《しげき》が強すぎる」などと感じた場合、なぜそう感じたのか、原因をさぐること。考察したうえで改善策を考えて、次の試作品づくりに生かすのです。実験の結果については、チームのメンバーで話し合って考察するだけでなく、専門家に相談して意見を聞くこともあります。

　このように、試作品の作製、実験、考察をくり返して、よりよいハブラシをつくり上げていきます。新しいハブラシの開発がスタートしてから、工場での生産が始まるまでに数年かかることもあります。その後、工場で生産した製品が、設計した通りにつくられているかどうかをチェックするのも、研究職の仕事です。

COLUMN

論文作成や学会・展示会での発表も

**論文作成や学会での議論を通して研究者として成長。
要点をわかりやすく伝えるプレゼンテーションスキルも重要です**

ハブラシに関する研究の成果を、論文にまとめて専門の雑誌に発表したり、学会で発表したりするのも、研究職の仕事の一つです。論文とは、多くのデータや資料をまとめ、研究成果について筋道を立ててまとめた文章のこと。学会とは、専門家や研究者が集まって議論する場のことです。

論文や発表に対する意見やアドバイスを研究に生かすことが、よりよい商品づくりにつながります。また、論文をまとめて学会で研究成果を発表し、ほかの研究者からの質問に答えるといった経験を通して、研究者としても大きく成長できます。ときには、学会で出会った先生がたと話すなかで、今までになかった新しい視点に気づいてアイデアが生まれたり、共同で研究をする機会が生まれたりすることもあります。

論文や学会発表のほかに、新商品の展示会などで、研究職の立場から、商品の技術的なポイントを説明することもあります。商品の魅力《みりょく》を正しく伝えるためには、複雑な技術をだれにでも理解してもらえるよう、わかりやすく説明するプレゼンテーションスキルが欠かせません。日ごろから、仕事でメンバーと話し合うときなどにも、考えをわかりやすく伝えることを心がけ、プレゼンテーションスキルをみがいています。

実験データをもとに、たくさんの資料も参考にしながら論文を作成中。海外の雑誌に発表する場合は、英語で文章をまとめます。

新商品の展示会では、研究職の立場から、機能についての技術的な説明を行います。

レギュラーサイズでも
奥まで届く!
極薄
ヘッド
新商品の
特長について、
くわしくご説明
いたします

ONE DAY

精密機器メーカーの生産技術職の一日

取材に協力してくれた会社員

木村《きむら》 利幸《としゆき》さん（39歳《さい》）

キヤノン株式会社
イメージング事業本部　宇都宮《うつのみや》工場

Q どうしてこの仕事に就《つ》いたのですか？

幼いころからおもちゃを分解して遊ぶなど、ものづくりに興味がありました。高校から理系を選択《せんたく》し、大学では機械工学を専攻《せんこう》。卒業後の進路として希望したのがメーカーエンジニアです。なにげない日常を写真として形に残せるカメラというものに魅力《みりょく》を感じていたこともあり、カメラの製造にたずさわりたいと考えてキヤノンに入社しました。

Q この仕事のおもしろいところは？

生産工程で予定していた通りの結果が出ないときなど、起きている現象から、なぜそうなったのか仮説を立て、知識や経験を手がかりに解き明かしていくことがおもしろいです。より質の高い製品をより低コストで生産するため、日々チャレンジを重ねることに、やりがいを感じています。

ある一日のスケジュール

8:00	出社、業務管理
8:30	新製品の図面検討会
12:00	昼休み
13:00	生産工程の問題点の解析《かいせき》
15:00	コストダウンの検討
16:00	進行状況《じょうきょう》の確認《かくにん》
16:30	終業

8:00 出社、業務管理

同じ課のメンバーとどう連携《れんけい》しているの?

きょうも一日
がんばるぞ!

○○の部品の形状についてご相談したいので、きょうお時間いただけますか。

部品の形状の件は、夕方に少し時間がとれそうだな…

急ぎの案件があるので、明日、人員を少しこちらに回してもらえませんか。

自分の業務のスケジュールを確認《かくにん》するだけでなく、課長代理として、所属する課全体の仕事の分担なども管理しています。

メールで報告・相談を受けたり、管理表で業務について共有したり

　この工場では、カメラの交換式《こうかんしき》レンズ(※)などの精密機器をつくっています。工場は、生産する現場である製造棟《せいぞうとう》と、図面の作成や生産工程の検討などを行う管理棟《かんりとう》に分かれています。朝、出社したら、管理棟《かんりとう》にある自分のデスクでパソコンを立ち上げ、まずはメールをチェック。部品メーカーや設計部門(33ページ)からの問い合わせ、同じ課のメンバーからの報告や相談などに応じます。

　仕事の進み具合について、確認《かくにん》や調整をするのもだいじな仕事です。所属する課でとり組んでいる案件については、管理表をつくって、業務の状況《じょうきょう》を共有します。管理表は、課内のどのメンバーにどの仕事を担当してもらうか、それぞれの仕事の期日やチェックポイントなどを、わかりやすく整理したものです。社内のシステムを通じて、課のメンバー全員が見られるようになっています。

※交換式《こうかんしき》レンズ:カメラ本体にとりつけて使う専用レンズ。30ページの写真で手に持っているカメラには、交換式《こうかんしき》レンズがついている。

8:30

新製品の図面検討会

新製品の図面を見て
何を検討しているの？

ここが
とがっていると、
使うときにケガを
しませんか？
とがっている部分に
丸みをつけましょう

検討する図面は、製品全体の完成形のモデルや、一つひとつのパーツのモデルなど、開発の段階ごとにいろいろなものがあります。

この図面で製品がつくれるか、よりよい方法はないかを検討

午前中は、新製品に関する業務を行います。レンズを構成する部品は数百個以上。求められる性能を満たす製品をつくるために、どこにどんな部品を使うか、使う部品の形や材料、つくり方はどうするかなど、具体的に考えるのは、生産技術職の仕事です。部品を発注するための図面も作成します。

新製品の図面検討会では、設計部門（33ページ）がつくったモデルを検討します。このモデルは、これから具体的にどうやって製品を形にしていくかを考えるうえでの大まかな下書きのようなものです。同じ課のメンバーだけでなく、モデルをつくった設計部門や部品メーカーの人も交えて、「この素材でこの構造は実際にはつくれない」「この部分をこう変えればもっとよくなる」など、意見を交換《こうかん》します。こうして、検討と修正を何度も重ね、最終的な構造を決めていきます。

COLUMN

ものづくりにはどんな工程があるの？

企画《きかく》部門が考えた商品が、設計や試作を経て生産に至る工程には、各部門の専門的な技術や知識、ノウハウがつめこまれています。

ものづくりは、商品《しょうひん》企画《きかく》からスタートします。企画《きかく》部門が、お客さまのニーズを調査・分析《ぶんせき》し、どのような商品をつくるのかを考えます。次に設計部門が、求められる機能や性能を実現するためのモデルを作成。製品全体の構造や、一つひとつの部品の図面をつくります。モデルの作成には、コンピュータ上で製図ができる3D《スリーディー》-CAD《キャド》を用い、製品の動きや強度などもシミュレーションで検証します。

設計とともに、形や色などのデザインも決めていきます。性能が発揮しやすく、使いやすいデザインを考えるのは、デザイナーの仕事です。使いやすさと同時に、つくりやすさも求められるため、生産部門とも連携《れんけい》してデザインを考えます。

設計部門と生産部門が協力してモデルの検討を重ね、最終的な構造が決まったら、図面通りに試作して、動作や耐久性《たいきゅうせい》、信頼性《しんらいせい》などを確かめたうえで、生産段階へと移っていきます。

実際に販売《はんばい》する製品をつくるために必要なのが、生産工程の設計です。生産部門の技術職が、つくる方法や順番、必要な設備や人員などを考え、準備にどれほどお金がかかるのか、いくらでつくれるか、何日でつくるのかなども計算します。生産工程を考えるうえでは、EQCD《イーキューシーディー》（Environment《エンバイロメント》：環境《かんきょう》への負荷《ふか》、Quality《クオリティ》：品質、Cost《コスト》：コスト、Delivery《デリバリー》：納期）を重視します。生産工程の設計は、難しくもやりがいのある仕事です。

そしていよいよ、工場での生産に入ります。高度な装置を用いたり、人の目と手でていねいに確認《かくにん》したりしながら、すぐれた製品を生み出していきます。

● ものづくりにかかわる部門とその仕事

企画《きかく》部門
お客さまのニーズを調査・分析《ぶんせき》。どのような機能や性能をもつ商品をつくるか考える。

→

設計部門
どうすれば求められる機能や性能を実現できるかを考える。

→

生産部門
製品をつくる具体的な方法を考え、工場での生産体制をととのえて生産する。

→

製品が完成！

13:00

生産工程の問題点の解《かい》析《せき》

製品を調べると
問題の原因が
わかるの？

回したときに
変な音がするのが
気になるな…

レンズは精密機器なので、とりあつかいは慎《しん》重《ちょう》に。分解作業は、使い慣れた自分の工具で行います。

細かい部品の不具合は、目で見ただけではわからない場合もあります。動かしてみたときの感《かん》触《しょく》や音なども、手がかりになります。

問題のある部分を特定して原因をさぐり、解決策を考えます

工場で製品をつくる工程はいくつもあり、各工程で検査を行って、性能のチェックをしています。ときには検査で不具合のあるものが見つかることもあります（36ページ）。その場で不具合が解消できない場合は、生産技術職がさらにくわしく調べて、原因をつきとめます。例えば、スムーズに動かせるはずの部分に引っかかりがある場合、実物を分解し、動かしてみて手ごたえや音を確かめたり、専用の測定器にかけて部品の形状や寸法をくわしく計測したりします。

そして、原因がわかったら、不具合が出ないように、生産工程を調整します。「部品の不良が出ないように、部品の製造工程や図面を見直そう」「部品同士の当たり具合を改善するために、グリス（すべりをよくするための潤《じゅん》滑《かつ》剤《ざい》）をぬる工程を追加しよう」など、原因に応じた解決策を導き出すのです。

15:00

コストダウンの検討

どうしてコストダウンをする必要があるの？

接着剤《せっちゃくざい》注入用の穴ですが、穴の数は減らせそうですね
この穴はなくせないかな？なんのために必要？

その製品を担当する社員から、構造や使っている部品についてくわしく説明してもらい、見直せるところがないか、意見を出し合います。

よいものを安く提供するため、より効率のよい生産方法を検討

コストとは、物を生産するのにかかる費用のことです。コストを下げれば、品質のよいものをより安く提供できます。生産工程を見直してコストダウンの方法を考えるのも、生産技術職の重要な仕事です。求められる性能を満たしつつ、よりコストのかからない方法で生産できるように、検討を重ねます。

例えば、部品に穴を1つ開けるにも、手間や時間がかかり、その分コストが高くなります。その穴はなんのために必要なのか、穴を開けずに必要な性能を満たせないかなど、図面や製品の実物を見ながら、具体的なコストダウンの方法を話し合います。

部品の形状をシンプルにする、素材を変更《へんこう》する、生産の工程を減らすなど、コストダウンの方法はさまざま。新しい技術をとり入れることで、コストを下げられる場合もあるので、情報収集や勉強も欠かせません。

ある日の仕事

生産現場からの相談

予想外の事態には、どう対応する?

検査でNG《エヌジー》となる個体があるので、見ていただけないでしょうか

わかりました、今からそちらに向かいます

急ぎの対応が求められる場合には、電話で連絡《れんらく》が入ります。

センサーに異常がありそうなので、交換《こうかん》して再検査してみてください
わかりました。結果が出たらまたご連絡《れんらく》します

クリーンルームに入るときは、専用の白衣や帽《ぼう》子《し》、マスクを着用。入室前に、エアシャワーという設備でちりやほこりを吹《ふ》き飛ばします。

作業の精度や検査数値を確かめ、考えられる対応策をアドバイス

　レンズの組み立てや検査は、製造棟《せいぞうとう》の「クリーンルーム」というエリアで、各作業の担当者が行っています。レンズを製造するうえで、ちりやほこりの混入は禁物です。そのため、クリーンルームは、ちりやほこりが入らないように徹底的《てっていてき》に管理されています。

　製品の出荷《しゅっか》までには、工程ごとにいくつもの検査があります。検査をクリアできなければ、工程をさかのぼって作業の精度を見直すなどして、求められる性能が確実に出るように調整しているのです。しかし、場合によっては、現場の担当者が対応しきれないこともあります。そんな予想外の事態には、生産技術職が連絡《れんらく》を受け、相談に応じます。ときには現場に行って状況《じょうきょう》を確かめ、直接アドバイス。生産工程や部品の細部まで理解している生産技術職だからこそ、的確な対応策を伝えることができます。

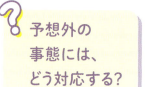

16:00

進行状況《じょうきょう》の確認《かくにん》

どんな報告や相談を受けるの？

この形状なら性能アップできそうなので、部品メーカーさんと調整を進めていいですか？
いい案だね。強度確認《かくにん》をして、問題なければその案を進めましょう

これまでの経験から得た知識やノウハウをもとに、相談に対してアドバイス。話し合うなかで、アイデアや解決策が見つかることもあります。

仕事の進み具合や、困っていることなどを聞いて対応

一日の仕事を終わらせる前には、所属する課でとり組んでいる仕事の進み具合を確認《かくにん》します。また、課のメンバーからの相談も受けています。例えば、「明日が納期なのですが、ほかの仕事と重なっていて間に合いそうにないので、だれかに手伝ってもらえないでしょうか」「部品の形状について、こういう案を考えているのですが、意見を聞かせてもらえますか」など、仕事で困っていることや悩《なや》んでいることについて話を聞き、対応したりアドバイスしたりしています。

仕事が特にいそがしいときは残業をすることもありますが、そうでなければ定時の16時半くらいに会社を出ます。

生産技術職の仕事では、限られたコストのなかで、必要な性能を実現することが求められます。簡単ではありませんが、その分、大きなやりがいを感じる仕事です。

16:30

終業

おつかれさまでした！

INTERVIEW 1

化学メーカーの研究職

秋山《あきやま》 崇文《たかふみ》さん
トーヨーケム株式会社（artienceグループ）
ポリマー材料研究所第1G製品化T

処方通りに
つくれて
いるかな？

お客さまに提案するための接着剤《せっちゃくざい》を、まずは実験室レベルで数百グラム程度つくります。

生産品が完成！
いよいよ出荷《しゅっか》だ

試作と改良をくり返し、最終的に生産される量は数トン。自分の開発した製品が工場の大きなドラム缶に入って並んでいると、うれしくなります。

お客さまと何度も打ち合わせを重ね、試作する接着剤《せっちゃくざい》を決定。自社工場の小さい反応装置を使用して、数百キログラムの試作を行います。

Q1 どんな仕事をしているのですか？

ポリマー*開発のスペシャリストを目指し、日々研究業務にとり組んでいます。

私がおもに開発しているのは、接着《せっちゃく》剤《ざい》として使うポリマーです。まずは、自身でポリマーの処方（料理のレシピのようなもの）を考えて合成し、実験室で数百グラム程度の接着剤《せっちゃくざい》をつくります。そして、性能評価を実施《じっし》したうえでお客さまに提案。お客さまと相談しながら試作と改良を進めます。採用されたら工場で生産しますが、その規模は大きいもので10トンにもなります。同じ接着剤《せっちゃくざい》とはいえ、規模がまったくちがうため、つくり方を変えるなど、難しい調整が必要です。

Q2 おもしろいところややりがいは？

私が現在開発している接着剤《せっちゃくざい》は、ラミネート型リチウムイオン電池*の外装部分で使用されています。ラミネート型にすることで軽量化でき、形状も自由に設計できるため、スマホやパソコン、電気自動車など、いろいろなところで採用され、暮らしに役立っています。

近年、環境《かんきょう》規制の観点から、日本でも電気自動車の普及《ふきゅう》が進められており、ラミネート型リチウムイオン電池の需要《じゅよう》が高まると予想されています。社会や環《かん》境《きょう》に貢献《こうけん》できる製品の開発にたずさわれることに、大きなやりがいを感じます。

Q3 なぜこの仕事に就《つ》いたのですか？

高校時代から化学の授業がいちばん楽しく、部活動でも化学部に所属し、大学でも化学科を専攻《せんこう》し、化学漬《づ》けの生活を送ってきました。その流れで自然と、「好きな化学を仕事にできないか」と考え、就職活動でも化学メーカーを志望し、探していました。そんななかで、現在勤務する会社に出会い、経営理念や社員の方から肌《はだ》で感じた真面目な社風、挑戦《ちょうせん》を推奨《すいしょう》する雰囲気《ふんいき》が私にマッチしていると思い、入社を決めました。

大学でもポリマー関連の研究をしていたため、その知識が現在の接着剤《せっちゃくざい》開発の仕事で生かせる場面も多いです。

ポリマー

くさりのように長い構造の分子で構成される物質または材料。多くの種類があり、特性もさまざまで、広範囲《こうはんい》に活用されている。ポリエチレン袋やペットボトルの原料もポリマーの一種。

ラミネート型リチウムイオン電池

薄《うす》いシート状の電極を何枚も重ねた構造のリチウムイオン電池。外装のラミネートフィルムをはり合わせるのに接着剤《せっちゃくざい》を使っている。

INTERVIEW ②

製薬メーカーの生産管理職

玉木《たまき》 綾音《あやね》さん
エーザイ株式会社
経口剤《けいこうざい》製造部

手順通りに
洗えているな。
ヨシ！

生産終了後《しゅうりょうご》は設備を洗浄《せんじょう》。洗い残しがないよう、定められた手順通りに洗浄《せんじょう》が行われているかを確認《かくにん》します。

私たちの工場では、大きな設備を用いて多くの医薬品をつくっています。

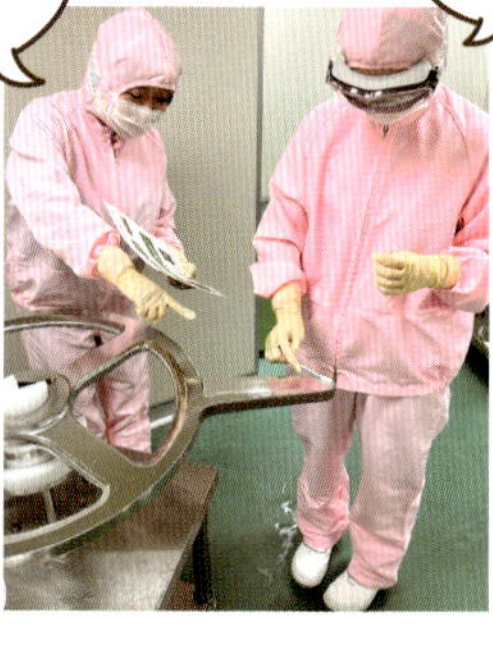
指定された
ふきとり箇所《かしょ》は、
ここです
はい！

洗浄《せんじょう》作業を終えたら、設備の表面を専用の布でふきとり、洗い残しがないことを確認《かくにん》。ふきとったあと、サンプルを分析《ぶんせき》して、目に見えないレベルまできれいかどうか確かめます。

今月は、
これらの課題について
対策を考えて
いきましょう！

定期的にミーティングを行い、上司やチームメンバーと仕事の状況《じょうきょう》を報告し合って、みんなで課題を整理します。

Q1 どんな仕事をしているのですか？

患者《かんじゃ》さまに安心して薬を飲んでいただけるように、生産現場で製造状況《じょうきょう》を管理する仕事をしています。工場では、日々多くの種類の薬をつくっており、一つひとつを安心して飲んでいただくために、製造状況《じょうきょう》の管理は重要です。

生産現場では、一度に大量の医薬品を生産するため、さまざまな機械を使います。機械はくり返し使用するため、洗《せん》浄《じょう》して常にきれいな状態にしています。私は、洗浄《せんじょう》作業後、機械の表面に洗い残しがないか、衛生状態が保たれているかを、分析《ぶんせき》機器を用いて目に見えない範囲《はんい》まで確認《かくにん》しています。

Q2 おもしろいところややりがいは？

私たちの工場では、医薬品を服用した患者《かんじゃ》さまと直接お話しする時間を大切にしており、がんの患者《かんじゃ》さまを工場に招いて、今までの経験について講演をしていただくことがあります。その際に、「症状《しょうじょう》がよくなった」「ありがとう」と感謝の言葉をいただくと、とてもうれしい気持ちになります。患者《かんじゃ》さまのお話から、生産現場では気づきにくい薬に対する悩《なや》みや思いを知ることもできます。患《かん》者《じゃ》さまの思いを、製品への新しいアイデアや改善につなげていくことに、おもしろさとやりがいを感じます。

Q3 なぜこの仕事に就《つ》いたのですか？

きっかけは、小学生のころ図書館で手にとった一冊の本です。貧しくて病院に行けず、治せるはずの病気に苦しんでいる子どもたちがいることを知り、衝撃《しょうげき》を受けました。そのとき感じた「病気で苦しむ人の助けになりたい」という思いは大人になっても変わらず、私自身がつくった医薬品を世界中の患者《かんじゃ》さまにお届けし、元気になってほしいという思いから、エーザイに入社しました。

大学は薬学部に進学し、医薬品の構造や性質、医薬品に関する法律などを学びました。大学での学びは、現在の日々の生産業務に役立っています。

生産管理の仕事は幅広《はばひろ》い！

商品（製品）を製造する工程を管理するのが生産管理の仕事です。

生産量や生産スケジュールなどの計画を立て、必要な人や物を手配する仕事や、生産工程がよりスムーズになるように、技術面での改善策を考える仕事も、生産管理の仕事にふくまれます。業種や会社によっても、生産管理の仕事の内容は異なります。仕事の範囲《はんい》が幅広《はばひろ》いため、理系だけでなく文系の人も活躍《かつやく》する職種です。

INTERVIEW ③

ゲーム会社の
ゲームプランナー

髙木《たかぎ》 清香《さやか》さん

株式会社スクウェア・エニックス
クリエイティブスタジオ5

あのキャラクターが
持つ最強武器は
何がいいかな？

開発中のゲームに関連する過去の作品の攻略本《こうりゃくぼん》を参考に、新しいゲームのキャラクターの設定を考えたり、確認《かくにん》をしたりしています。

それでは
シナリオ会議を
始めましょう！

いっしょに作品をつくっているシナリオ担当のプランナーとオンライン会議。アイデアをもち寄って案を出し合ったり、シナリオをよりよくするために相談したりします。

ここをこう変えたら
もっと
おもしろいかも…

実際にシナリオを書いているようす。書く作業はひたすらに集中。書いては消し、書いては消しをくり返し、パソコンと何時間もにらめっこします。

Q1 どんな仕事をしているのですか？

私たちの会社では、ゲームプランナーはゲームの仕様*を開発する職種です。担当者が細かく分かれていて、私はシナリオ*を担当しています。キャラクターや世界設定の作成、プロット*の作成、シナリオの執筆《しっぴつ》と監修《かんしゅう》作業、音声として出すセリフの作成・収録など、1本のゲームに表示される文字情報すべてにたずさわっています。

私が所属するプロジェクトでは、シナリオは複数人のチームで作成するもので、私はシナリオチームのリーダーを務めています。チームのスケジュールの作成や進行管理も大切な仕事です。

Q2 おもしろいところややりがいは？

シナリオ作成はゲームづくりのいちばん最初の段階で、キャラクターも町も世界観も何もないところから、想像し、創造する仕事です。自分の書いた世界が、多くの人の手を借りて、形になって現れる。その過程がおもしろいと思います。

ゲームを1本開発するには数年かかることがほとんどで、つくっている間は、「これで正しいか？」「おもしろいのか？」と常に不安がつきまとう状態です。ゲームが発売されて、プレイしたお客さまから感想の言葉が届いたときに、初めてやりがいを感じることができます。

Q3 なぜこの仕事に就《つ》いたのですか？

この会社に入る前は、大学で映画制作を専攻《せんこう》していました。演出やシナリオ、映像技術の基礎《きそ》を学び、友人たちと映画をつくっていました。ただ、映画づくりに夢中になりすぎて、卒業間近まで進路が決まっておらず、困り果てていたところに、友人から「ドラゴンクエストのシナリオアシスタントを募集《ぼしゅう》しているらしい！」と聞きました。自分が学んだことを生かしつつ、子どものころに夢中で遊んだゲームにかかわれるチャンスだと思い、見よう見まねで書いたゲームシナリオを会社に提出。幸運にも、現在の会社で働けることになりました。

ゲームの仕様

どういう遊びができるかを決めるさまざまな設定。例えば、ゲームのルール、画面構成、操作の仕方、ゲーム内のマップやアイテムなど。

シナリオ

物語の流れや人物の動き、セリフなどを文字で表したもの。「台本」「脚本《きゃくほん》」とも呼ばれる。

プロット

筋書きや構成を短くまとめた、物語の設計図のようなもの。

INTERVIEW ④

家電メーカーの 設計エンジニア

玉木《たまき》 友萌《ゆめ》さん
株式会社ツインバード
開発本部　開発技術部

製造先に
部品サンプル作成の
スケジュールを
確認《かくにん》します

製品の発売前はもちろん、発売後も、さまざまな部署の社員と連携《れんけい》し、お客さまにとって価値のある製品の創造にとり組みます。

部品の温度は
規格を満たして
いるかな…
TWINBIRD

お客さまに安全にお使いいただくために、製品の温度測定をしています。

こちらの
商品の
特長は…

ときには、エンジニアが自ら実際に店頭に立ち、ブランドや製品についてお客さまに説明することもあります。

もう少し
中が温かくなると
いいですね
外側の
焼き具合は
よさそうだね

試作したトースターで、パンの焼き上がりを確認《かくにん》。製品を通してお客さまにおどろきや感動を届けるために、何度も何度も試験を行います。

Q1 どんな仕事をしているのですか？

おもに家電の評価を実施《じっし》しています。新商品の開発では、まず、どんな特徴《とくちょう》や機能をもった製品をつくるかを社内で検討。その後、製品を試作して実際の性能を評価します。製品や部品の温度を測ったり、電圧や電流の状態を調べたりして、法律に適合しているか、使用にあたって危険はないかなどを調べるのです。製品の色や形がデザイナーの指示通りであるかどうかも確認《かくにん》します。

評価を行って問題があれば解決策を検討し、改善して再び製品を試作。同様の評価で問題がないことを確かめたうえで、商品として発売されます。

Q2 おもしろいところややりがいは？

試作の段階では、すでに売られている製品の“つぎはぎ”のような状態だったものが、一つの製品として完成したときは、とても感動します。

家電量販店《りょうはんてん》などで、自分が開発にたずさわった商品が並べられているのを見ると、うれしくなります。最近はインターネットでも口コミなどを見ることができるので、実際に使用したお客さまからの「この商品を買ってよかった」「ほかの人にもおすすめしたい」といった書きこみを見ると、あのときがんばってよかったなと思います。

Q3 なぜこの仕事に就《つ》いたのですか？

理科が好きだったこともあり、高校の文理選択《せんたく》では理系を選びました。中学の技術の時間にロボットを組み立てたのが楽しかったという記憶《きおく》から、工業系の大学の学部について調べていくうちに、おもしろそうだと思い、進学しました。

勤務先であるツインバードのことは、地元の会社なので昔から知っていました。高校生のころ、友人と「360°首が回転する扇風機《せんぷうき》がほしいね」と話していたら、まさにそんな商品がツインバードから発売されていました。この会社なら魅力《みりょく》ある家電を開発できそうだと感じたのが、入社のきっかけです。

安全に使える家電を生み出すために

冷蔵庫や洗濯機《せんたくき》、電子レンジ、そうじ機といった家電は、電気を使うものなので、発火事故や感電の危険があります。そのため、製造段階での安全基準などが法律で定められています。

商品として世の中に流通させる製品は、安全に使えるものでなければなりません。設計エンジニアは、定められた基準をクリアできるように製品を設計しています。

INTERVIEW 5

スポーツ用品メーカーのデザイン職

嘉部《かべ》 晴章《はるき》さん
株式会社アシックス
スポーツスタイル統括部《とうかつぶ》デザイン部デザインチーム
デザイナー

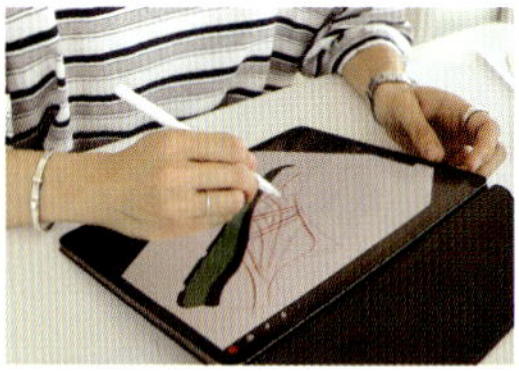

考えたデザインを目に見える形で伝えるために、スケッチをえがきます。スケッチは、ペンタブレットを使ってえがくことも。

どうやったら
バランスよくかっこいい
デザインになるかな？

どの色が
理想に近い色かな？
もう少し明るい青の
ほうがいいかな？

カラーパレットと呼ばれる色見本と製品サンプルを見比べて、カラーを確認《かくにん》します。

ここの厚みを
もう少し厚くして、
クッション性を
よくしましょう

開発部門のチームとともに材料や構造について話し合い、実現可能なアイデアにしていきます。

Q1 どんな仕事をしているのですか?

ファッション向けスニーカーのデザインにたずさわっています。日々、SNS《エスエヌエス》などでトレンド情報を集め、実際に市場《しじょう》調査をして世の中の大きな流れを把握《はあく》し、デザインの方向性を導き出します。構造やデザインのヒントを得るために、展示会や美術館などにも足を運びます。これらの情報を用いて、企画《きかく》部門が作成した企画《きかく》にもとづいてスケッチをえがき、アイデアを固めていきます。

決まったアイデアをもとに図面をつくり、工場に発注してサンプルを3回ほど作成。生産上の問題点やデザインを修正して品質を高め、商品を完成させます。

Q2 おもしろいところややりがいは?

トレンドの変化に応じて、毎シーズンちがうものをデザインしていけるところが、難しさであり、おもしろさだと感じます。また、ほかの企業《きぎょう》とのコラボレーション*によって、自分たちにはない新しい発想を得られることも魅力《みりょく》です。

シューズは、材料やデザインの少しのちがいによって、身につけたときの快適性が変わります。自分が加えた修正で快適性が向上するのを体感できるのはおもしろいです。素材や加工など多様な要素があり、組み合わせ次第で見え方が変わる点もおもしろい部分です。

Q3 なぜこの仕事に就《つ》いたのですか?

高校生のころからプロダクトデザイナー*を目指しており、デザイン科のある大学の工学部に進学。プロダクトデザインコースで学び、大学院にも進学して、デザイン手法などに関する知見を深めました。また、高校時代からファッションにも興味があり、アパレル店員*のアルバイトもしていました。

スニーカーに興味をもったのは、洋服のような要素と工業製品の要素をあわせもつことにおもしろさを感じたからです。日本のブランドとして評価が高く、おもしろいコラボレーションなども行っていることから、現在の会社を選びました。

コラボレーション
会社や団体、個人などがおたがいに協力して新たな商品や作品をつくり出すこと。

プロダクトデザイナー
メーカーが生産する製品をデザインする職種。プロダクトデザインには、機能性も求められる。

アパレル店員
衣料品をあつかうお店で、お客さまに合ったファッションを提案し、販売《はんばい》する職種。

もっと！教えて！「つくる仕事」

Q1 この仕事に就《つ》いてよかったと思ったことを教えて！

A 生産技術職として、工場の生産工程を整える仕事をしています。製造を担当する現場から「もっとこうしたい」といった意見をもらい、設備や工程を改良した結果、「作業がしやすくなった」などと、直接感想を聞くことができるのは、この仕事のよいところです。自分の仕事が現場の役に立っていることをダイレクトに感じることができ、この仕事に就《つ》いてよかったと思います。

（20代・生産技術職・男性）

A 自分がエンジニアとして担当した商品を、店頭に立って販売《はんばい》する機会があったのですが、お客さまに商品の特長や魅力《みりょく》を説明して、買っていただけたときは、とてもうれしかったです。また、すでに購入《こうにゅう》して使っているというお客さまのお話も聞くことができました。開発はとても大変でしたが、この製品にたずさわることができてよかったなと思いました。　（20代・設計エンジニア・女性）

Q2 この仕事をしていて、大変なこと、苦労したことを教えて！

A スニーカーのデザインの仕事では、パターンというシューズの展開図やソール（靴底《くつぞこ》の部分）の図面などを作成して、工場にシューズの製作を依頼《いらい》します。材料によって性質が異なり、特にソールはクッション性や軽量性、耐久性《たいきゅうせい》をもたせるために特殊《とくしゅ》な材料を使うので、思っていたようなバランスにならないことも多く、予測しながらミリ単位で調整していくことが、楽しい部分でもあり、苦労する部分でもあります。　（20代・デザイン職・男性）

A 開発の仕事をするにあたって、多くの新しい知識を身につける必要があったので、苦労しました。最初のころは、会議に出ても分からない単語だらけで、まったくついていけませんでした。特に資料が少ない分野だったため、調べてもほしい情報が得られないことが多々ありました。しかし、先輩《せんぱい》社員や同僚《どうりょう》に相談しやすい環境《かんきょう》が整っていたので、気軽に質問することができ、少しずつ知識を吸収することができています。

（20代・研究職・男性）

Part 2

目指せ！「つくる仕事」

どうやったらなれるの？

「つくる仕事」に就《つ》くには、どんなルートがあるの？

研究職や技術職なら、大学で理系の学部・学科へ

　会社員として「つくる仕事」に就《つ》くために、特別な資格は必要ありません。会社に就職して、研究・開発・生産を担当する部門に配属されれば、だれでも「つくる仕事」に就《つ》くことができます。

　ただし、研究職や技術職に関しては、大学で理系の学部・学科を専攻《せんこう》していた人を採用する会社がほとんどです。採用選考の際には、職種ごとに、専攻《せんこう》を指定して社員を募集《ぼしゅう》する会社が目立ちます。専門的な知識や技術が必要な業界・職種では、大学院修了者を求める会社もあります。

　会社によっては、高等専門学校（高専）卒業を、大学卒業と同等の学歴としてあつかうこともあります。高専では工業系の高度な知識や技術を学べるからです。

　工場で働く技能職（56ページ）、IT《アイティー》業界のプログラマーやエンジニア、メーカーのデザイン職なら、高校卒業後、専門学校で学ぶルートもあります。

　どんなものをつくるかを考える商品《しょうひん》企画職《きかくしょく》については、学部や学科を問わず募集《ぼしゅう》がありますが、大学卒業の学歴を求める会社がほとんどです。

中学校卒業

←

高等学校

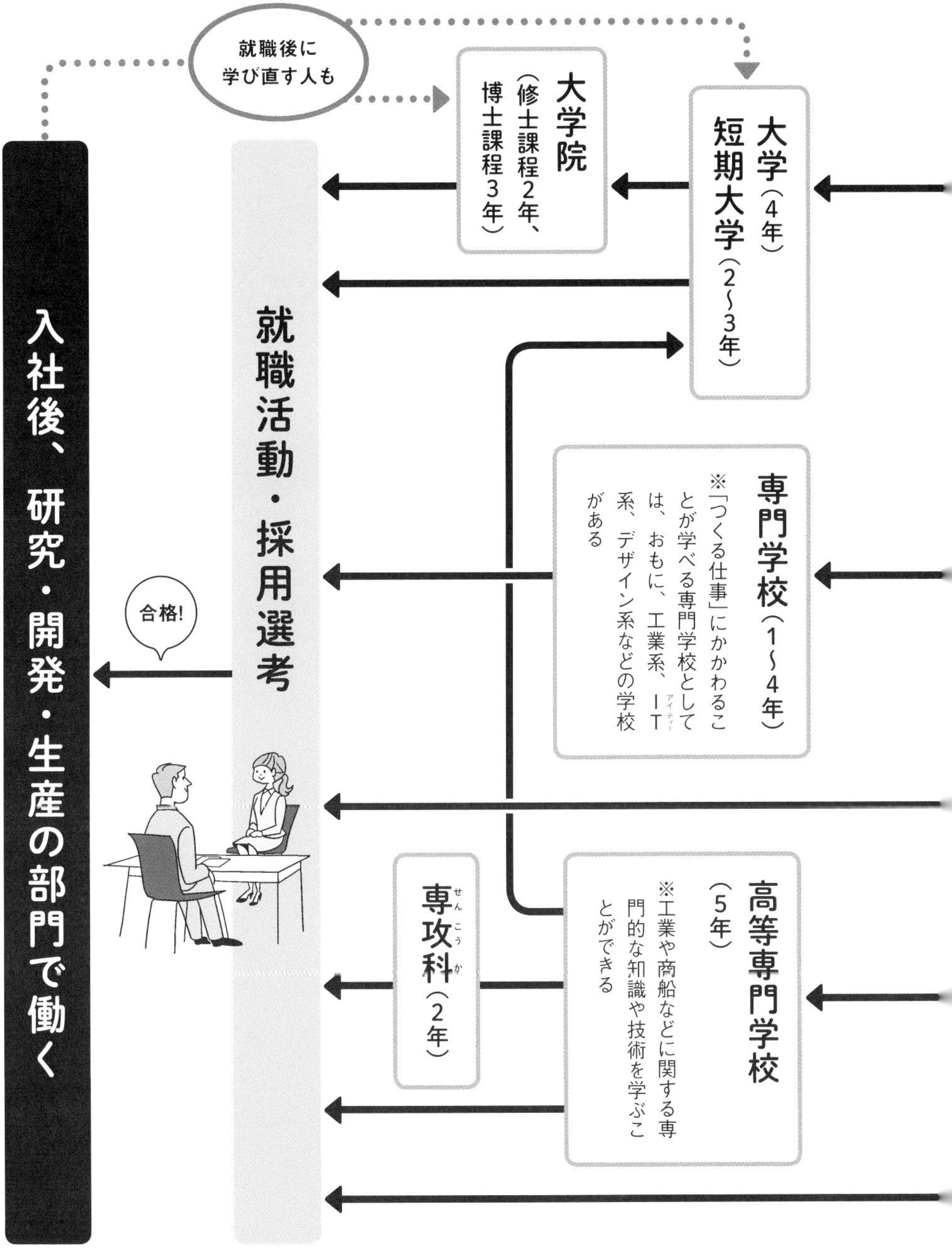
就職後に学び直す人も
大学院（修士課程2年、博士課程3年）
大学（4年）
短期大学（2〜3年）
専門学校（1〜4年）
※「つくる仕事」にかかわることが学べる専門学校としては、おもに、工業系、ＩＴ《アイティー》系、デザイン系などの学校がある
高等専門学校（5年）
※工業や商船などに関する専門的な知識や技術を学ぶことができる
専《せん》攻《こう》科《か》（2年）
就職活動・採用選考
合格!
入社後、研究・開発・生産の部門で働く

？ 会社員になるための試験って、どんなもの？

まずやるべきことは情報収集。働きたい会社を見つけます

「つくる仕事」に限らず、会社員になるためには、それぞれの会社が行う採用選考を受けて、合格しなければなりません。

まず必要なのが、業界や会社の情報を集めることです。業界とは、世の中にある会社を事業内容によって分けた区分のことです。例えば、自動車業界、食品業界など、さまざまな業界があります。自分が興味のある業界で社員を募集《ぼしゅう》している会社を探し、一社一社、業績や働きやすさなどの情報を集め、自分が働きたい会社を選ぶのです。

業界や会社にかかわる情報は、インターネットの就職情報サイトや書籍《しょせき》、大学のキャリアセンターで調べることができます。

会社の情報を集めるには？

大学のキャリアセンターで調べる

各大学にあるキャリアセンターでは、相談員に卒業後の進路や就職活動について相談したり、社員を募集《ぼしゅう》している会社の情報を調べたりすることができます。

インターネットで調べる

インターネット上には、学生の就職活動を支援《しえん》するための情報や機能が集まった「就職情報サイト」がいくつもあります。業界や会社についての情報や採用情報などを調べたり、社員募集《ぼしゅう》に応募《おうぼ》したりすることができます。

一般的《いっぱんてき》な採用選考の流れ

書類選考

「エントリーシート」と呼ばれる応募《おうぼ》用紙や履歴書《りれきしょ》などに必要事項《じこう》を記入し、入社を希望する会社に提出する。

↓

SPI《エスピーアイ》試験

日ごろの行動や考え方に関する質問に答える「性格検査」と、言語分野（国語）と非言語分野（数学）の問題を解く「能力検査」がある。

↓

グループワーク

何人かのグループに分かれて、決められたテーマについて議論や共同作業を行って、成果を発表する。その過程や成果物が評価の対象になる。

↓

面接

その会社の社員と直接会って、対話をするなかで、その人の性格や意欲などが評価される。1次面接、2次面接など、面接は複数回行われる。

SPI《エスピーアイ》試験では、
中学1～2年レベルの
国語や数学の問題が出る。
今のうちにしっかり
勉強しておこう！

面接では、
学生のときがんばったこと、
その会社を志望した理由、
自己PR《ピーアール》などを
聞かれることが多い

書類選考のあと、筆記試験と面接を行うのが一般的《いっぱんてき》

会社の採用選考は一般的《いっぱんてき》に、「書類選考」「筆記試験」「面接」の順に行われ、合格した人のみが次の段階に進むことができます。

試験や面接の内容は会社によってちがいますが、筆記試験については多くの会社がS《エス》P《ピー》I《アイ》試験という適性検査を行っています。技術職や研究職の場合、専門知識を問う筆記試験もあります。面接では、面接官と対話する形だけでなく、グループワークが行われることもあります。

そのほかに、「インターンシップ」を行う会社も増えています。これは、学生が実際に会社で仕事を体験したり、働く人から話を聞いたりできる機会を設ける制度です。

また、理系特有の制度として、学校推薦《すいせん》での就職があります。大学や研究室に寄せられた推薦《すいせん》求人に応募《おうぼ》する形で、通常の採用選考よりも合格率が高くなります。

「つくる仕事」に関係することを学ぶには?

ものづくりにかかわることが学べる学部

ものづくりの土台となる理論を研究する

理学部

理学部では、数学、物理学、化学、生物学、地学などの分野について、「なぜそのような現象が起こるのか」という仕組みや法則を研究します。このような研究は基礎《きそ》研究といって、科学の発展の土台となり、ものづくりにも生かされています。

ものをつくるための技術や知識を学ぶ

工学部

工学部では、社会に役立つものやシステムをつくるための実践的《じっせんてき》な技術や知識を学ぶことができます。具体的には、電気、機械、建築、化学をものづくりに役立てる応用化学、コンピュータ技術を中心に学ぶ情報といった分野があります。

ちなみに…

商品企画《しょうひんきかく》について学ぶには?

商学部や経営学部では、ビジネスについて学ぶことができます。特に、「マーケティング」の授業では、消費者のニーズを調べて分析《ぶんせき》する方法や、価格のつけ方、宣伝方法など、商品企画《しょうひんきかく》に役立つ知識を学ぶことができます。

ものづくりにかかわる知識や技術を学べる理学部・工学部

研究職や技術職を目指すなら、大学の理学部や工学部で、専門的な知識や技術を学ぶ必要があります。理学部はものづくりの基礎《きそ》となる理論を、工学部はものづくりに直結する技術や知識を、学んだり研究したりする学部です。理学部と工学部、両方の分野をふくむ「理工学部」という学部もあります。いずれの学部も、3年生以降は授業に加えて研究がメインになります。大学によって特色があるので、自分の興味のある内容が学べるか、よく調べることが大切です。

商品企画職《しょうひんきかくしょく》を目指す人は、商学部や経営学部でビジネスに関する科目を学んでおくと、役に立つでしょう。

大学での専攻《せんこう》と生かせる業界の例

理学部	数学	IT《アイティー》・通信、各種メーカー、金融《きんゆう》 など
	物理学	IT《アイティー》・通信、各種メーカー、金融《きんゆう》 など
	化学	化学、医薬品、食品・飲料 など
	生物学	医薬品、食品・飲料、化学 など
	地学	土木・建設、資源、エネルギー など
工学部	機械工学	機械、自動車、各種メーカー
	電気工学	電機・電子部品、各種メーカー
	情報工学	IT《アイティー》・通信、各種メーカー
	応用化学	化学、医薬品、食品・飲料 など
	建築学	土木・建設、住宅メーカーなど

数学や物理学でつちかわれる分析力《ぶんせきりょく》は、金融《きんゆう》業界でのデータ分析《ぶんせき》などにも役立つ

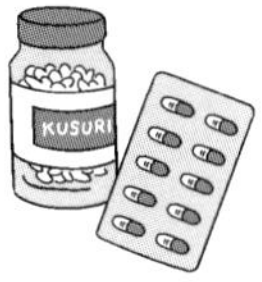

機械、電気、情報分野の知識や技術は、あらゆるメーカーで生かすことができる

理系では、大学受験での学科選びが将来の仕事に直結

理系の学部に進学すると、「つくる仕事」に関する専門的な知識や技術を学ぶことになります。大学で研究していたテーマをそのまま仕事にできるとは限りませんが、大まかな分野や業界としては、専攻《せんこう》していた学科と関連するところに就職するケースが多くなります。大学での専攻《せんこう》が将来の仕事に直接つながるので、受験の際の学科選びは重要です。専攻《せんこう》を生かした就職先の例としては、理学部で生物学を専攻《せんこう》していた人が製薬メーカーや食品メーカーに、工学部で機械工学を専攻《せんこう》していた人が自動車メーカーや機械メーカーに就職するなどがあります。

理系の学部で身につく論理的な考え方は、どの業界のどんな仕事でも共通して求められます。そのため、就職には幅広《はばひろ》い選択肢《せんたくし》があります。理系の学部を卒業して、文系の職種に就職することも可能です。

「つくる仕事」に向いているのはどんな人？

研究職に 必要な能力は？

- 集中力
- 探究心
- ねばり強さ
- コミュニケーション能力（聞く力・伝える力）

すぐに成果が出なくてもあきらめず、夢中で何かを探求できる人に向いています。

技術職に 必要な能力は？

- 課題解決力
- 客観的な視点
- コミュニケーション能力（聞く力・提案力）

開発や生産の工程全体を見わたして、臨《りん》機《き》応《おう》変《へん》に対応する力が必要です。

求められる素質は職種によって大きく異なります

「つくる仕事」には多種多様な職種があるため、求められる素質もさまざまです。

例えば研究職の場合、ひたすら自分の仕事に打ちこむ集中力や探究心が最も重要です。ただし、同じ研究職という職種でも仕事内容はさまざまで、商品開発に直接かかわるような仕事では、コミュニケーション能力も求められます。

技術職は、技術を生かして商品を形にしたり、つくり方を考えたりするため、課題に応じた臨《りん》機《き》応《おう》変《へん》な対応力や、工程全体を見通す客観的な視点が必要です。また、技術職が考えた工程に沿って、工場での製造作業を担当する職種を「技能職」といいます。技

働く人に聞いてみた！

失敗も前向きにとらえ、次に生かすことができる人

ものづくりは、うまくいかないことも多いので、常にポジティブでいられる楽観的な人が向いていると思います。失敗を前向きにとらえ、なぜだめだったのかをふり返り、次に生かすことができる人は、向いていると思います。

（20代・研究職・男性）

ものづくりが好きで、チームワークが得意なこと

生産管理の仕事では、予定通りのスケジュールで商品を生産するために、いろいろな部署の人たちと協力することが必要です。ものづくりが好きなことはもちろんですが、チームワークが得意な人に向く仕事だと思います。

（20代・生産管理職・女性）

商品企画職《しょうひんきかくしょく》に必要な能力は？

- 企画力《きかくりょく》
- 情報収集力
- 発想力
- リーダーシップ
- コミュニケーション能力（提案力・説得力）

新たなアイデアを生み出す力だけでなく、企画《きかく》を実現させるために、かかわる人たちをとりまとめる力も求められます。

能職には、同じ作業をコツコツと地道にこなすことができる人が向いています。

商品企画職《しょうひんきかくしょく》は、発想力はもちろん、高いコミュニケーション能力のある人に向いている仕事です。新商品の企画《きかく》を考え、実際に商品化するためには、関係するさまざまな職種をとりまとめることも必要だからです。

いずれの職種でも、「ものづくりが好き」という思いが、意欲をもって働き続ける原動力となるでしょう。

？ 中学・高校でやっておくといいことはある？

英語

最新の情報を得るために海外の資料を読んだり、国際学会に参加したりするときに役に立ちます。

数学

ものごとを論理的に考える力が身につきます。理系の勉強はすべて数学が基礎《きそ》となっているので、特に重要です。

情報

IT《アイティー》スキルはビジネスに必要不可欠。さまざまな実験や調査のデータ分析《ぶんせき》にも活用できます。

社会

世の中が変化・発展してきた歴史を知ることは、新たな商品や技術を生み出すうえでも大切です。

理系の勉強の基礎《きそ》は数学。美術や技術はものづくりに関連

「つくる仕事」で研究職や技術職に就《つ》きたいなら、大学に入って理系分野を専攻《せんこう》する必要があります。そのためには、数学をしっかりと勉強しておくことが大切です。理系の勉強の基本となる、ものごとを論理的に考える力がつくからです。文系で商品企画職《しょうひんきかくしょく》を目指す人も、中学レベルの数学はマスターしておきましょう。

そのほかに、英語、社会、情報などの科目でも、社会人としてビジネスにたずさわるうえで役に立つ知識が得られます。特に英語は、英文の資料を読む機会が多い理系の職種では必須《ひっす》と言えます。

美術の授業を通してアートやデザインに

美術

アートやデザインを学んだり、作品をつくったりする経験は、ものづくりに生かすことができます。

技術・家庭

技術分野では、ものづくりの基本的な知識や技術を身につけることができます。

ふれることも、ものづくりに生かせる経験です。絵画や造形などの作品をつくる作業に集中できる人は、「つくる仕事」に向いています。技術・家庭の技術分野でも、手を動かしてものをつくる課題にとり組む機会があり、ものを設計したり組み立てたりといった、ものづくりの基礎《きそ》が学べます。

　学校外での経験になりますが、個人で申しこめる工場見学にも足を運ぶと、ものづくりの現場を具体的にイメージできます。

働く人に聞いてみた！

海外メーカーとの打ち合わせに英語を使うことがあります

自社で開発中の製品を、海外の工場でつくってもらうこともあります。打ち合わせでは、自分が設計した図面や仕様について英語で説明しなければなりません。英語は学生のうちから勉強しておくといいと思います。

（20代・設計エンジニア・女性）

美術はもちろん物理の知識もデザインをするうえで有用

美術の授業で、物を生み出すおもしろさや、色彩感覚などが身についたと感じます。また、製品をデザインするときには、物の構造も考える必要があるので、物理の知識が多少あるだけで役立つことがあります。

（20代・デザイン職・男性）

「つくる仕事」で働く人って、どのくらいいるの？

会社員の職種別割合

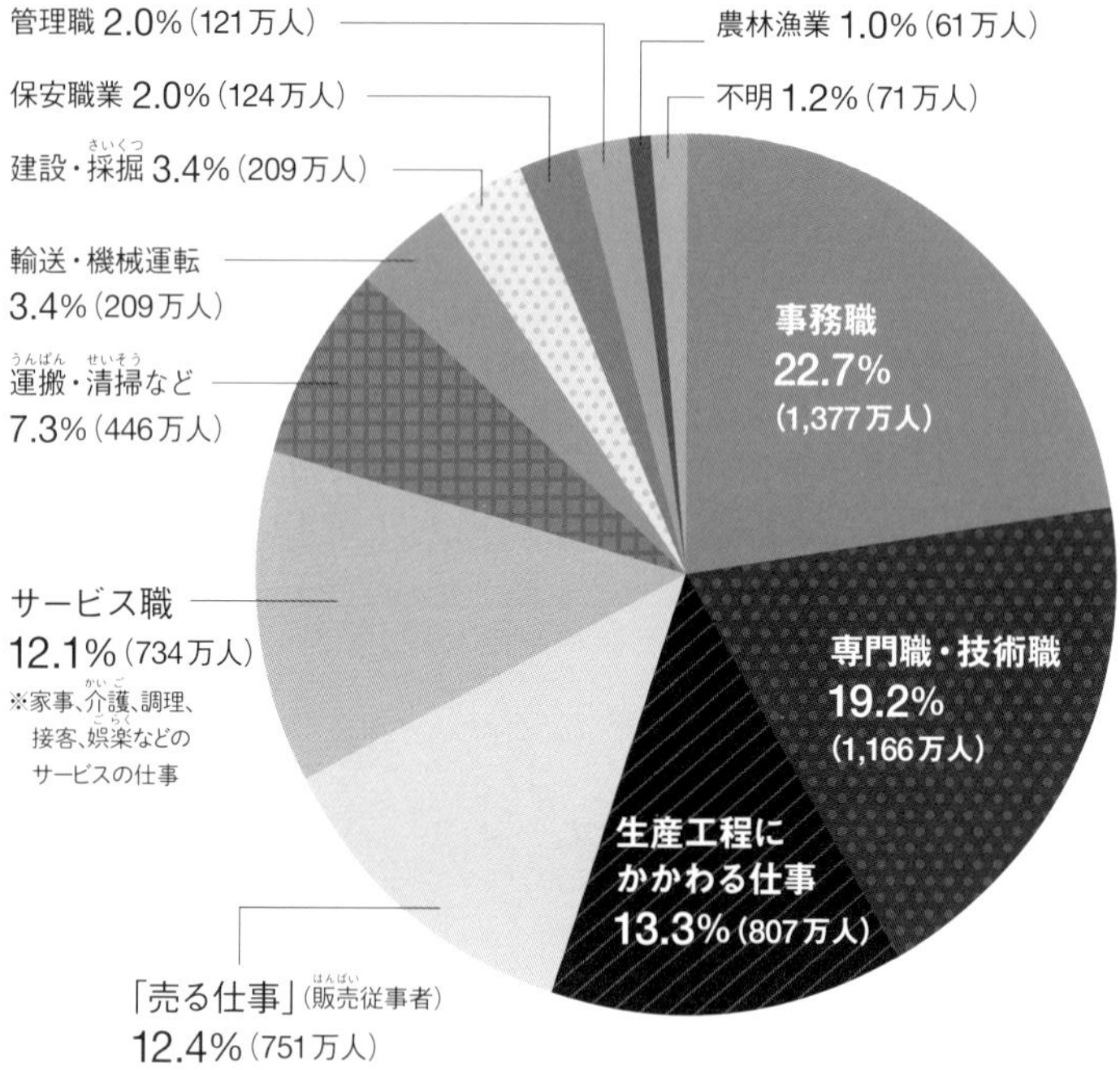

管理職 2.0%（121万人）
保安職業 2.0%（124万人）
建設・採掘《さいくつ》 3.4%（209万人）
輸送・機械運転 3.4%（209万人）
運搬《うんぱん》・清掃《せいそう》など 7.3%（446万人）
サービス職 12.1%（734万人）
※家事、介護《かいご》、調理、接客、娯楽《ごらく》などのサービスの仕事
「売る仕事」（販売《はんばい》従事者） 12.4%（751万人）
農林漁業 1.0%（61万人）
不明 1.2%（71万人）
事務職 22.7%（1,377万人）
専門職・技術職 19.2%（1,166万人）
生産工程にかかわる仕事 13.3%（807万人）

厚生労働省「2023年労働力調査」（2024年）をもとに作成

「つくる仕事」全体では、1500万人以上と考えられます

厚生労働省《こうせいろうどうしょう》の「労働力調査」によると、会社に勤めて働く人は、全国で6076万人（2023年現在）。そのうち、生産部門の技術職や製造を担当する技能職など、工場での生産工程にかかわる仕事をしている人は約13%で、807万人です。研究職や開発部門の技術職は「専門職・技術職」に分類されますが、ここには保健医療《いりょう》従事者や教員もふくまれており、それらを除いた研究職や技術職のみの人数はおよそ750万人です。

商品《しょうひん》企画《きかく》職《しょく》は事務職に分類されますが、人数や割合は、この調査ではわかりません。

総合すると、1500万人以上の人が「つくる仕事」で働いていると考えられます。

「つくる仕事」の職種ごとの男女別割合

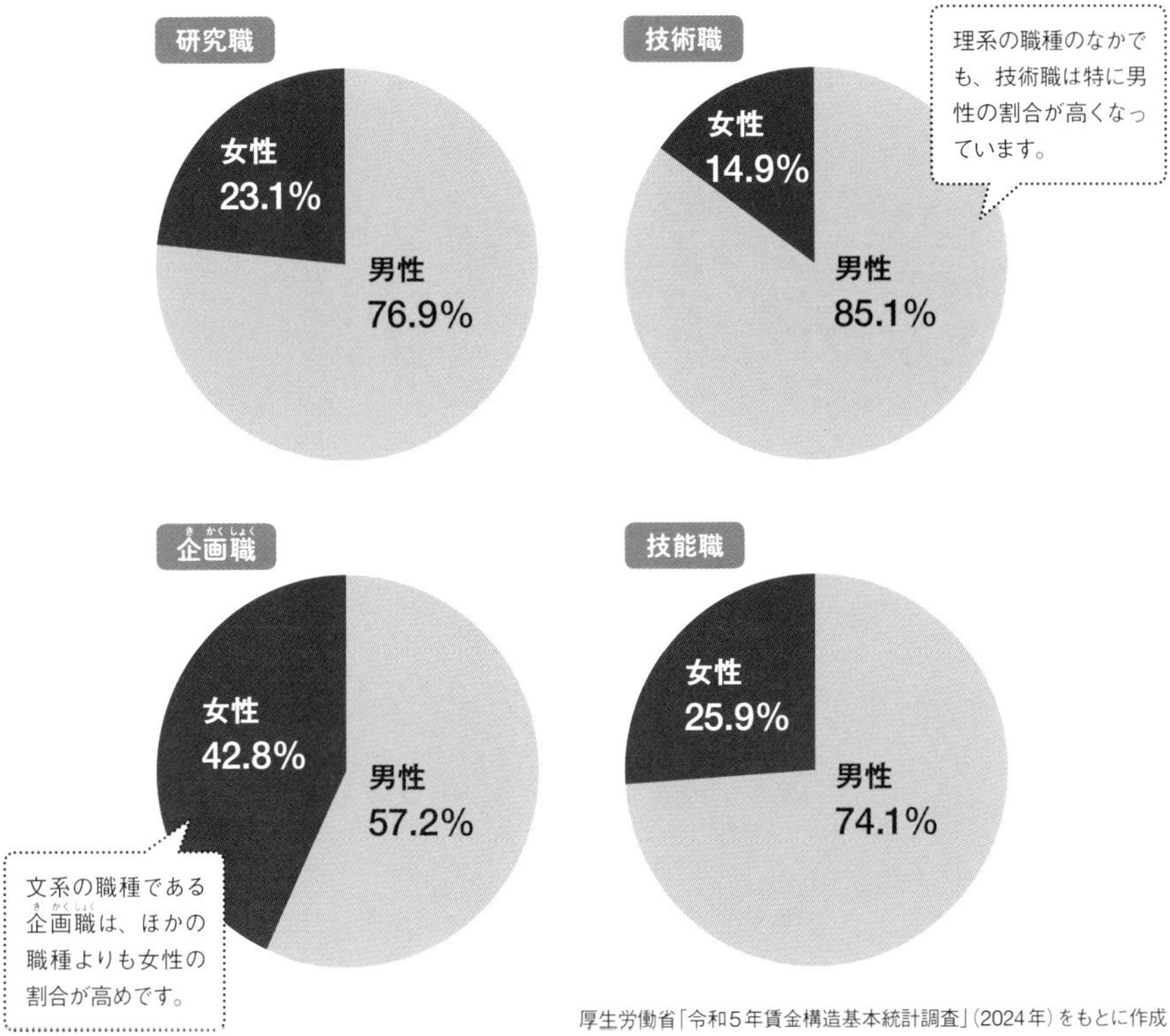
研究職
女性
23.1%
男性
76.9%
技術職
女性
14.9%
男性
85.1%
理系の職種のなかでも、技術職は特に男性の割合が高くなっています。
企画職《きかくしょく》
女性
42.8%
男性
57.2%
文系の職種である企画職《きかくしょく》は、ほかの職種よりも女性の割合が高めです。
技能職
女性
25.9%
男性
74.1%

厚生労働省「令和5年賃金構造基本統計調査」（2024年）をもとに作成

理系の職種では男性の割合が圧倒的《あっとうてき》に多いのが現状

「つくる仕事」には、研究職や技術職など、理系の知識や技術が求められる職種が目立ちます。現状、女性の理系人材は非常に少ないため、男女別の割合を見ると、研究職や技術職では男性が圧倒的《あっとうてき》に多いことがわかります。人材不足を補い、多様な視点や働き方をとり入れるためにも、女性の理系人材を増やすことが課題です。国としても、理系の職種での女性比率アップに力を入れています（73ページ）。業界別に見ると、化学やIT《アイティー》関連の分野では、ほかの分野よりも比較《ひかく》的《てき》女性が多く働いています。逆に、土木、金属、電機、機械などの分野は、男性の割合がおよそ90％と非常に高くなっています。

「つくる仕事」のなかでも、文系の職種である企画職《きかくしょく》に関しては、男性の割合のほうがやや高いものの、女性も多く活躍《かつやく》していることが見てとれます。

「つくる仕事」の業界ごとの特徴《とくちょう》は？

つくるものによって、求められる知識や技術がちがいます

形のあるものをつくる会社は「メーカー」と呼ばれます。食品や日用品、家電といった商品をつくる会社だけでなく、それらの材料となる部品をつくるメーカー、さらにその原料となる素材をつくるメーカーもあります。いずれのメーカーでも、研究職や技術職が活《かつ》躍《やく》していますが、つくるものによって、求められる知識や技術はちがいます。

メーカーのほかに、形のないIT《アイティー》や通信のサービスをつくる会社、ゲーム、音楽、本や雑誌をつくる会社などもあります。

業界によって、「つくる仕事」の仕事内容は多様です。次のページからは、業界ごとの「つくる仕事」の特徴《とくちょう》を見てみましょう。

「つくる仕事」の大まかな流れ

求められる知識や技術はさまざまですが、ものづくりをになうメーカーでは、大まかにこのような流れで商品がつくられています。

素材や技術を研究する

↓

どんな商品をつくるか考える

↓

形や仕組みを設計する

↓

商品を生産する

化学

化学業界とは、ガスや石油などの原材料に化学変化を加えてつくった化学製品をあつかう業界です。素材をつくるメーカーもあれば、その素材から、洗剤《せんざい》、化学肥料、接着剤《せっちゃくざい》、塗料《とりょう》といった最終的な製品をつくるメーカーもあります。また、素材から製品までを幅広《はばひろ》く生産するメーカーもあります。

化学系の知識や技術をもつ研究職が多く活《かつ》躍《やく》する業界です。

機械、自動車

機械や部品をつくるための工作機械、クレーンやショベルといった建設機械、産業用ロボットなどの大型機械をあつかうのが機械業界です。

自動車業界では、近年、ハイブリッド車や電気自動車の需要《じゅよう》が高まっています。

ものづくりにおいては、おもに機械系の技術職が活躍《かつやく》する業界ですが、機械の電子制御化や自動化を進めるために、情報系の技術をもつ人材がより求められるようになっています。

電機・電子部品

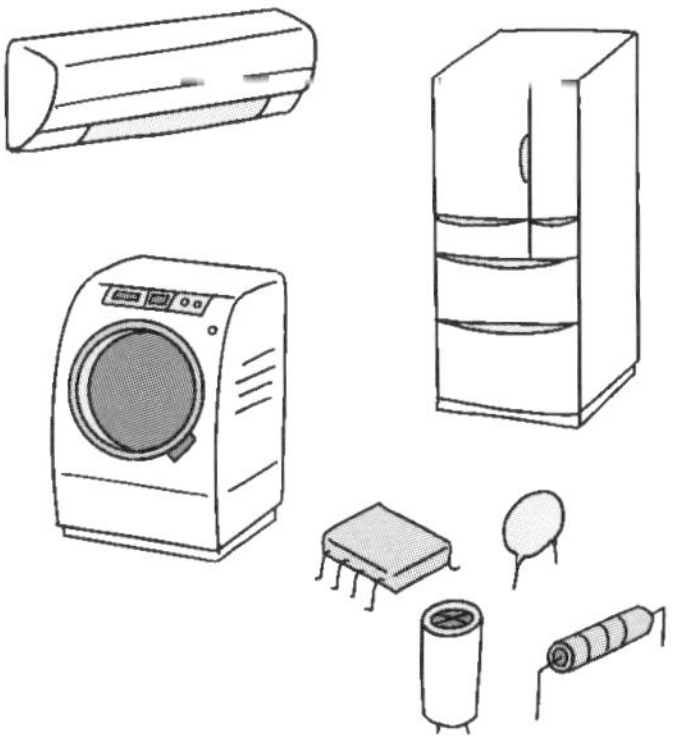

洗濯機《せんたくき》や冷蔵庫、テレビ、エアコンなどの家電、スマホ、パソコン、カメラなどの精密機器、また、さまざまな電気（電機）製品の仕組みを支える電子部品や半導体といった、幅広《はばひろ》い製品を開発・製造する会社からなる業界です。

電気系の技術職はもちろん、近年では電気（電機）製品をネットにつなげるIoT《アイオーティー》化や、AI《エーアイ》（人工知能）を搭載《とうさい》した商品の開発などで、情報系の技術職も多く活躍《かつやく》しています。

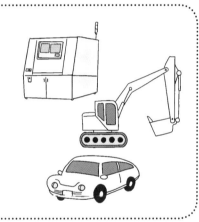

食品・飲料

食品・飲料業界の「つくる仕事」には、研究開発、生産技術、生産管理・品質管理など、幅広《はばひろ》い職種があります。お客さまのニーズやトレンドをとり入れて新商品を考える商品《しょうひん》企《き》画職《かくしょく》も、食品・飲料メーカーの重要な仕事です。

理系では生物系、化学系、農学系の知識を生かせる職種が目立ちますが、工場の生産設備を整える仕事などで、機械系・電気系の技術職も活躍《かつやく》しています。

医薬品

医薬品をつくる製薬メーカーでは、医学系、薬学系、化学系、生物系の知識や技術を生かして働く人が多くいます。研究職・開発職はもちろん、生産管理・生産技術、品質管理と、その職種はさまざまです。

最近では、新薬の研究開発にAI《エーアイ》やビッグデータを活用しようとする製薬メーカーが増えているため、統計解析《かいせき》やデータサイエンスに関する知識をもつ人材も求められています。

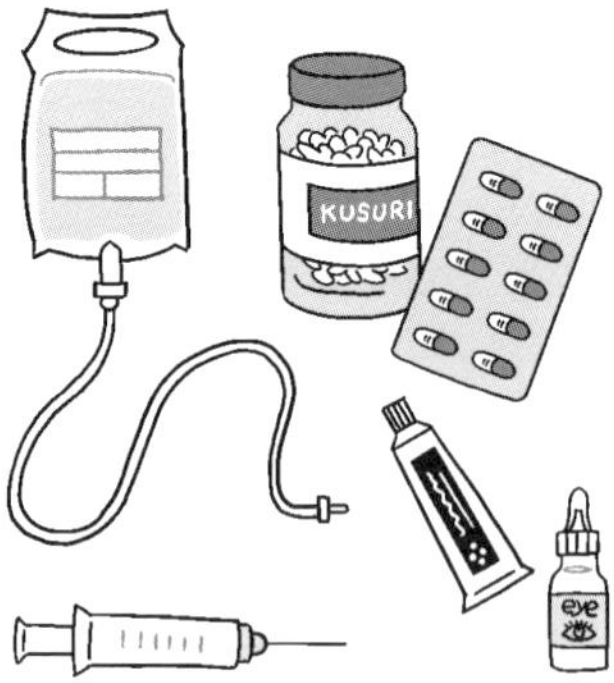

雑貨・衣料品

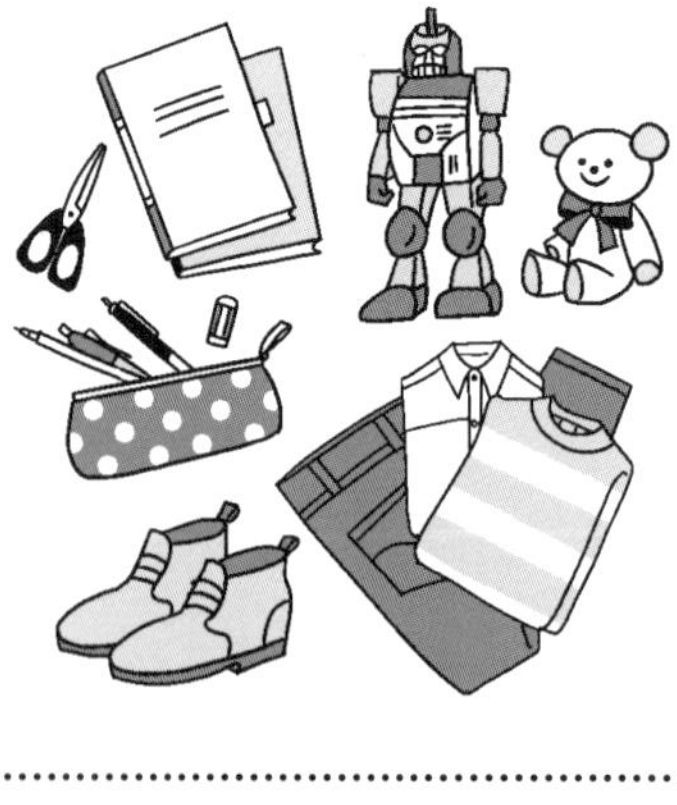

文房具《ぶんぼうぐ》やキッチン用品、インテリア用品、おもちゃなど、雑貨の商品開発では、商品《しょうひん》企《き》画職《かくしょく》と協力して商品の機構を設計する職種があります。機械系の知識が求められる仕事です。

雑貨・衣料品の業界では、商品を開発するうえでデザインが特に重要な要素となります。デザイン職は、おもに大学の美術・芸術系の学部・学科や、美術系の専門学校などで、専門的な知識と技術を勉強した人が務めています。

IT《アイティー》・通信

IT《アイティー》とは、コンピュータを使った情報技術のことです。IT《アイティー》業界は、電子マネーやネットショッピングなど、日常的に使われるさまざまなシステムを開発することで社会を支えています。パソコンやスマホのアプリをつくる会社もIT《アイティー》業界に分類されます。通信業界は、電話やインターネットの回線をあつかう業界です。

プログラマーやシステムエンジニアとして、情報系の技術をもつ人が多く働いています。

土木・建設、資源、エネルギー

ビルやマンション、商業施設《しせつ》、空港、駅、橋やトンネルといった大きな建造物の建設をになうのが、土木・建設業界です。技術職には建築系の知識や技術が求められます。

鉄鋼やその他の金属などをあつかう資源業界、石油や天然ガスをあつかうエネルギー業界では、化学系の研究職や、プラントと呼ばれる大きな設備をつくる土木系・建築系の技術職が活躍《かつやく》しています。

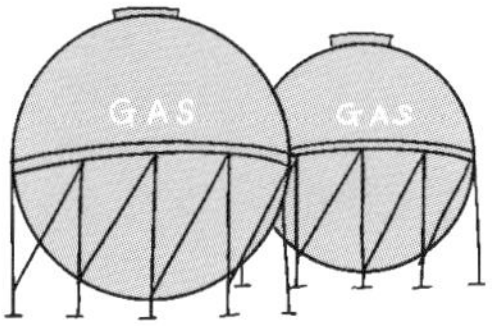

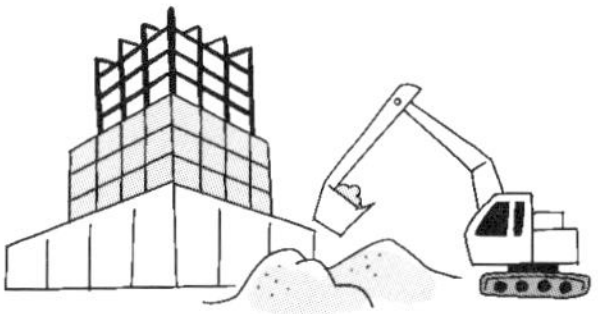

エンターテインメント

映画や音楽、ゲーム、出版物、テレビやラジオの番組などを制作する会社をまとめて、エンターテインメント業界といいます。これらの会社でつくるものは、工業製品（工場でつくる商品）とはちがって、形のない制作物で、「コンテンツ」とも呼ばれます。

文系出身者が多い業界ですが、コンテンツそのものや制作環境《かんきょう》のデジタル化が進んでいるため、情報系の技術や知識も役立ちます。

会社員にもいろいろな働き方があるの？

会社との契約《けいやく》や採用区分で働き方は変わります

職種が同じでも、働き方はさまざまです。まず、勤め先の会社と結ぶ契約《けいやく》（雇用契約《こようけいやく》）には大きく2つの種類があります。いわゆる正社員として働く「正規雇用《こよう》」と、パートのように期間を定めて働く「非正規雇用《こよう》」です。

また、業務内容によって、採用時に区分を設けている会社も多くあります。専門性の高い研究職や技術職、商品企画職《しょうひんきかくしょく》などは「総合職」にあたり、おもに大学や大学院を出た人が採用されます。現場で働く技能職などは、業務や働く地域を限定しての採用が一般《いっぱん》的《てき》で、専門的な知識は問われません。

働き方の区分は、入社後に試験や面接などを受けて変更《へんこう》できる会社もあります。

会社との契約《けいやく》

正規雇用《こよう》	働く期間が決められていない雇用契約《こようけいやく》のことで、一般的《いっぱんてき》に「正社員」といわれる働き方です。
非正規雇用《こよう》	おもに期間を定めて働く雇用契約《こようけいやく》。契約《けいやく》社員、アルバイトやパート、派遣《はけん》社員がこれにあたります。

採用時の区分

総合職	将来、管理職や経営にかかわる役職に就《つ》く候補としての採用で、管理的な業務を担当します。部署の変更《へんこう》や転勤の可能性もあります。また、業績によって昇格《しょうかく》も早いです。
技能職など	現場で製造作業にあたる技能職については、業務や働く地域を限定しての採用が一般的《いっぱんてき》です。本社ではなく工場で採用を行うこともあります。
一般職《いっぱんしょく》	総合職を補助する職としての採用で、原則として異動や転勤をせずに働きます。「つくる仕事」にあたる職種には、一般職《いっぱんしょく》での採用はありません。

あなたの理想の働き方は?

家庭や趣味《しゅみ》を優先

なるべく残業はせず、家族と過ごす時間や趣味《しゅみ》を楽しむ時間をつくる。そのために、転勤や昇進《しょうしん》を望まない人もいる。

仕事中心にバリバリ働く

会社の売上に貢献《こうけん》し、自分の能力を高めるため、プライベートよりも仕事を優先。必要に応じて残業や休日出勤もする。

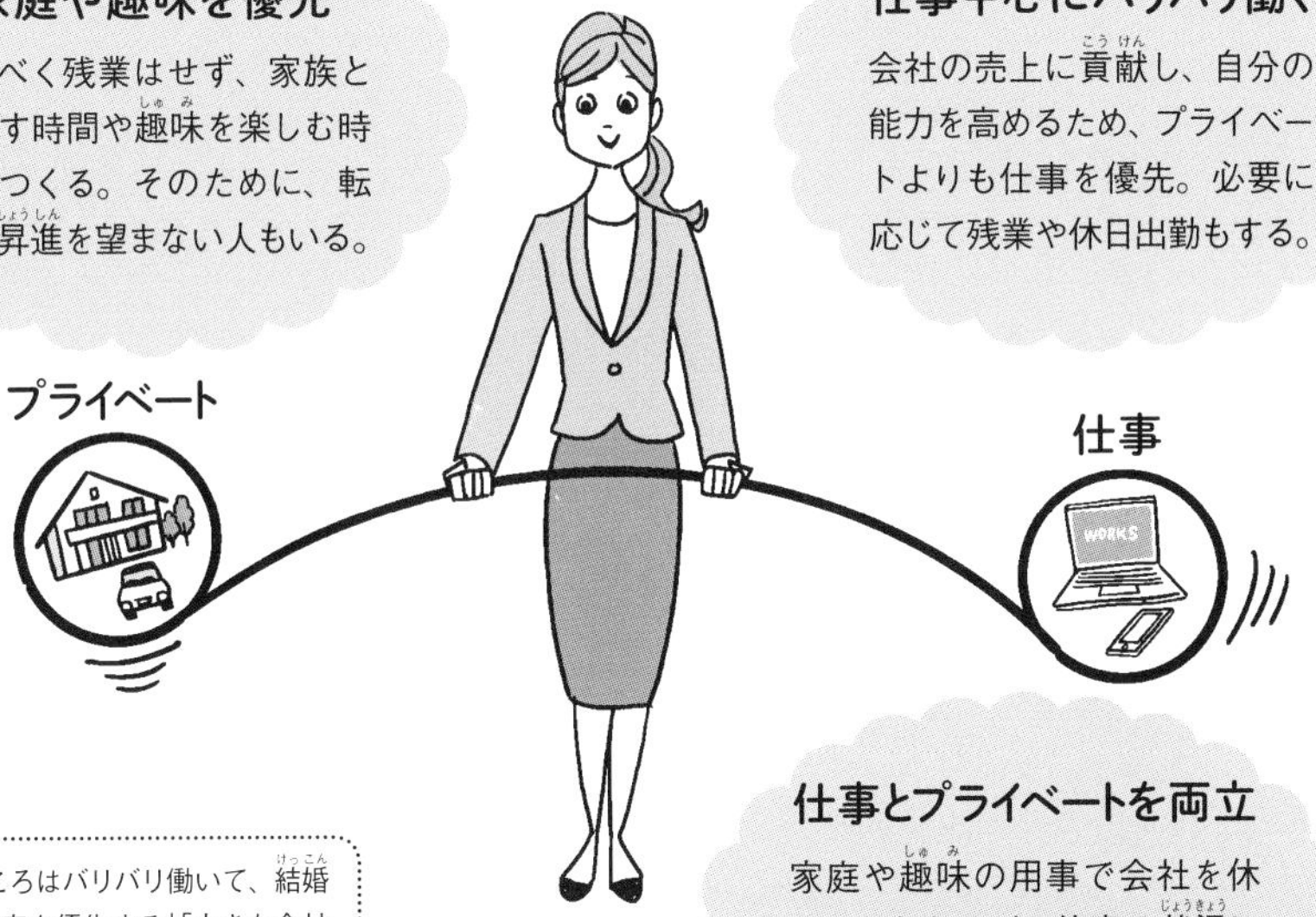

「若いころはバリバリ働いて、結婚《けっこん》後は家庭を優先する」「大きな会社でさまざまな仕事を経験してから、自分に合った仕事を選ぶ」など、年《ねん》齢《れい》やキャリアによって働き方を変える人も多い。

仕事とプライベートを両立

家庭や趣味《しゅみ》の用事で会社を休むこともあるが、仕事の状況《じょうきょう》によっては残業もするなど、仕事の時間もプライベートの時間も大切にする働き方。

仕事に重点を置くか、プライベートを大切にするか

自立して働くうえでは、「仕事と生活の調和（ワーク・ライフ・バランス）」を考えることも重要です。やりがいのある仕事をすると同時に、友人・家族との時間や趣味《しゅみ》の時間を楽しんだり、心身を休めたりすることも、健康で豊かな生活のためには大切だからです。

ただ、理想のワーク・ライフ・バランスは人によってちがいます。「仕事中心の生活をしたい」という人もいれば、「プライベートの時間を優先させたい」という人もいます。自分の理想とする働き方を考えたうえで、就職先や職種を選ぶとよいでしょう。

会社や業界によっては、どうしても残業が多くなったり、夜勤があって時間が不規則になったりする仕事もあります。就職情報サイトや会社説明会などで実際に働いている人の話を聞いて、自分に合った働き方ができそうな会社を探してみましょう。

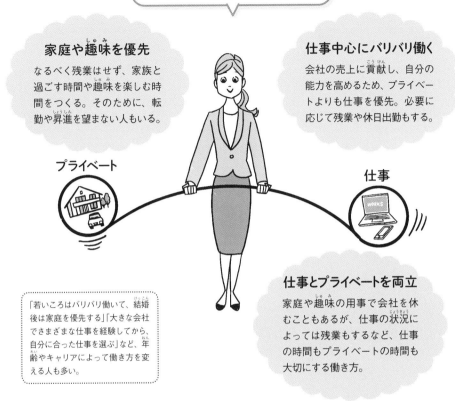

「つくる仕事」でキャリアアップするには？

一般的《いっぱんてき》なキャリアアップの流れ

採用

研究職や技術職は、理系総合職として、入社後の職種に対応した形で採用されることが多い。商品企画職《しょうひんきかくしょく》は文系総合職として採用される。

配属

研究職は会社の研究所などに、技術職は開発部門や生産部門に配属される。商品企画職《しょうひんきかくしょく》は、最初から担当部門に配属されることもあるが、まずは営業職などを経験するケースが多い。

入社したら、まずは新入社員研修。その後、各部門に配属されます

所属部門で管理職になるか、専門性を追求するか

「つくる仕事」のなかでも、研究職や技術職は、採用時の職種で経験を積んでいくことになります。研究職は、会社の研究所などに配属され、担当する分野について研究を重ねます。担当する分野は、キャリアの途中《とちゅう》で変わることもあります。技術職は、開発部門の場合、基本的に本社勤務となりますが、生産部門は工場勤務と本社勤務があり、たびたび異動をしながら経験を積んでいきます。

いずれの職種でも、所属の部門のなかでリーダーや主任といった立場へとキャリアアップしていきます。その後は、さらに管理職に昇進《しょうしん》する人もいれば、スペシャリストとしてその道をきわめる人もいます。

経験を積む

経験や実績を重ねるにつれ、次第に任される業務が増えていく。後輩《こうはい》を指導・教育する立場になったり、プロジェクトをとりまとめるリーダーを務めたりすることも。

管理職に就《つ》く

研究所長、工場長、部長といった管理職に就《つ》き、部門全体のマネジメントを行う立場に。

その道のスペシャリストに

研究職や技術職、商《しょう》品企画職《ひんきかくしょく》としての業務に専念し、専門性を追求する道も。

商品企画職《しょうひんきかくしょく》は、他部門で経験を積んでからの配属が多い

商品企画職《しょうひんきかくしょく》は、文系総合職として採用され、まずは営業部門で経験や実績を重ねてから、商品企画《しょうひんきかく》部門に配属されることが多いです。だんだんと責任ある仕事を任され、管理職に就《つ》いたり専門性を追求したりという形でキャリアアップしていくのは、ほかの職種と同じです。商品企画職《しょうひんきかくしょく》としてつちかったマーケティングやプレゼンテーションのスキルを生かして、ほかの会社や職種に転職する人もいます。

研究職や技術職では、入社後に、業務に関連する資格の取得を会社からすすめられることがあります。例えば、工場の電気設備の保安管理業務を行うために必要な「電気主任技術者」は電機メーカーなどでの仕事に、消防法にもとづく危険物をとりあつかうために必要な「危険物取扱者《とりあつかいしゃ》」は化学メーカーなどでの仕事に役立つ資格です。

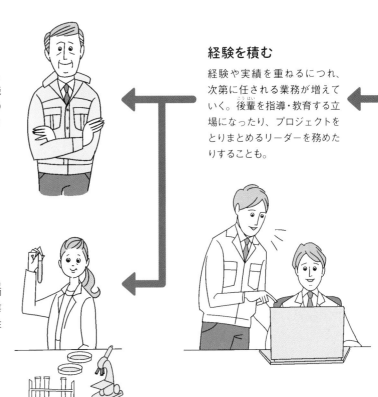

収入はどのくらい？就職はしやすいの？

年収を比べてみると…

厚生労働省《こうせいろうどうしょう》「賃金構造基本統計調査」による年収の目安

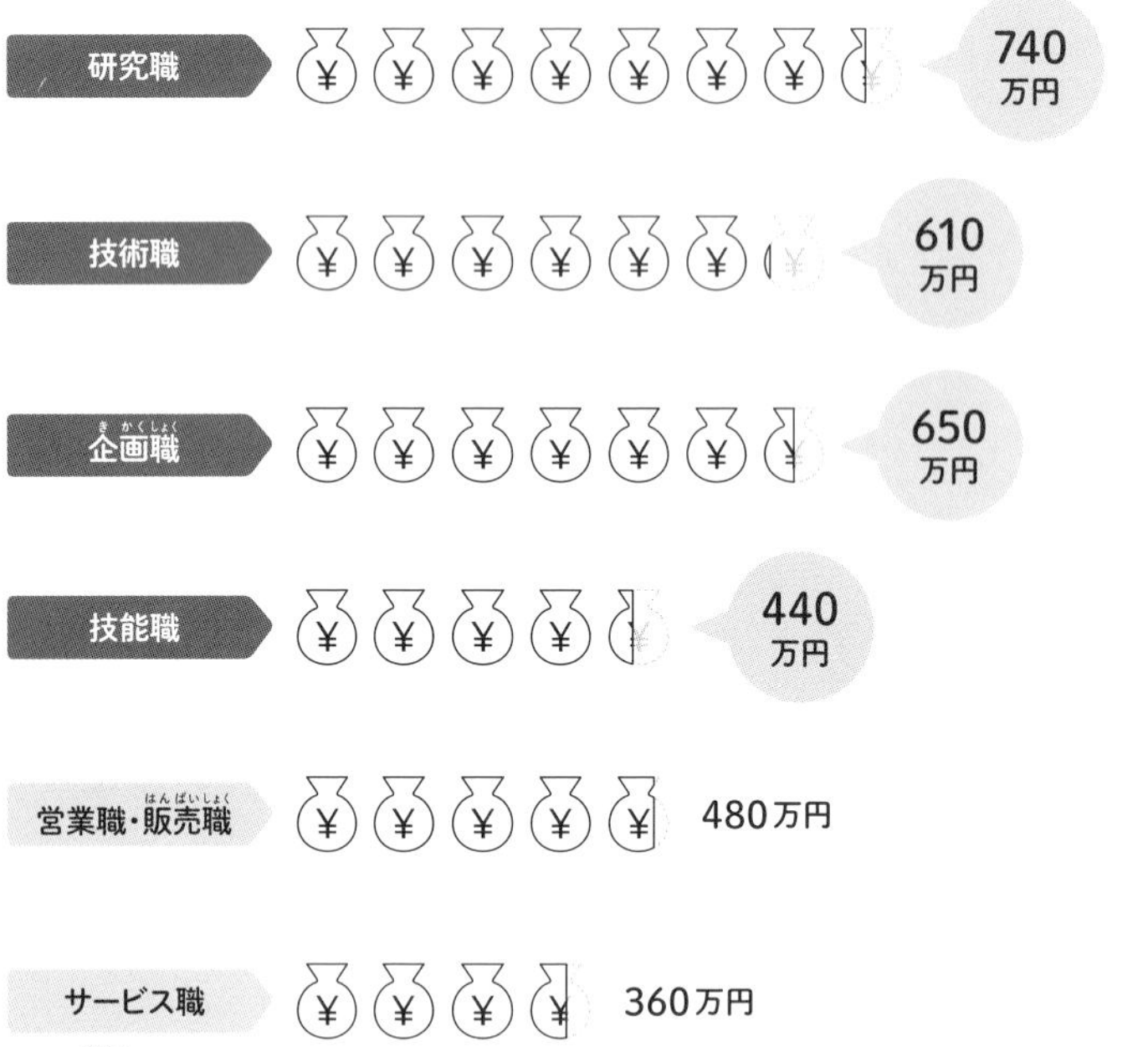

研究職
740万円
技術職
610万円
企画職《きかくしょく》
650万円
技能職
440万円
営業職・販売職《はんばいしょく》
480万円
サービス職
360万円

※家事、介護《かいご》、調理、接客、娯楽《ごらく》などのサービスの仕事

厚生労働省「令和5年賃金構造基本統計調査」(2024年)をもとに作成

職種によってちがいますが、全体的に収入は高めです

会社員の収入は、勤務先の業種や規模、仕事内容、役職などによって、大きな幅《はば》があります。「つくる仕事」についても同じです。

一つの目安として、厚生労働省《こうせいろうどうしょう》の「賃金構造基本統計調査」をもとに計算すると、「つくる仕事」の各職種の平均年収は、研究職が約７４０万円、技術職が約６１０万円。企画《きかく》職《しょく》が約６５０万円となっています。いずれも、日本人の平均年収４５８万円と比べると、高い水準であることがわかります。

一方、製造作業をになう技能職は、採用時に求められる専門性があまり高くないことなどから、平均年収は約４４０万円と、ほかの「つくる仕事」を下回ります。

就職のしやすさを比べてみると…

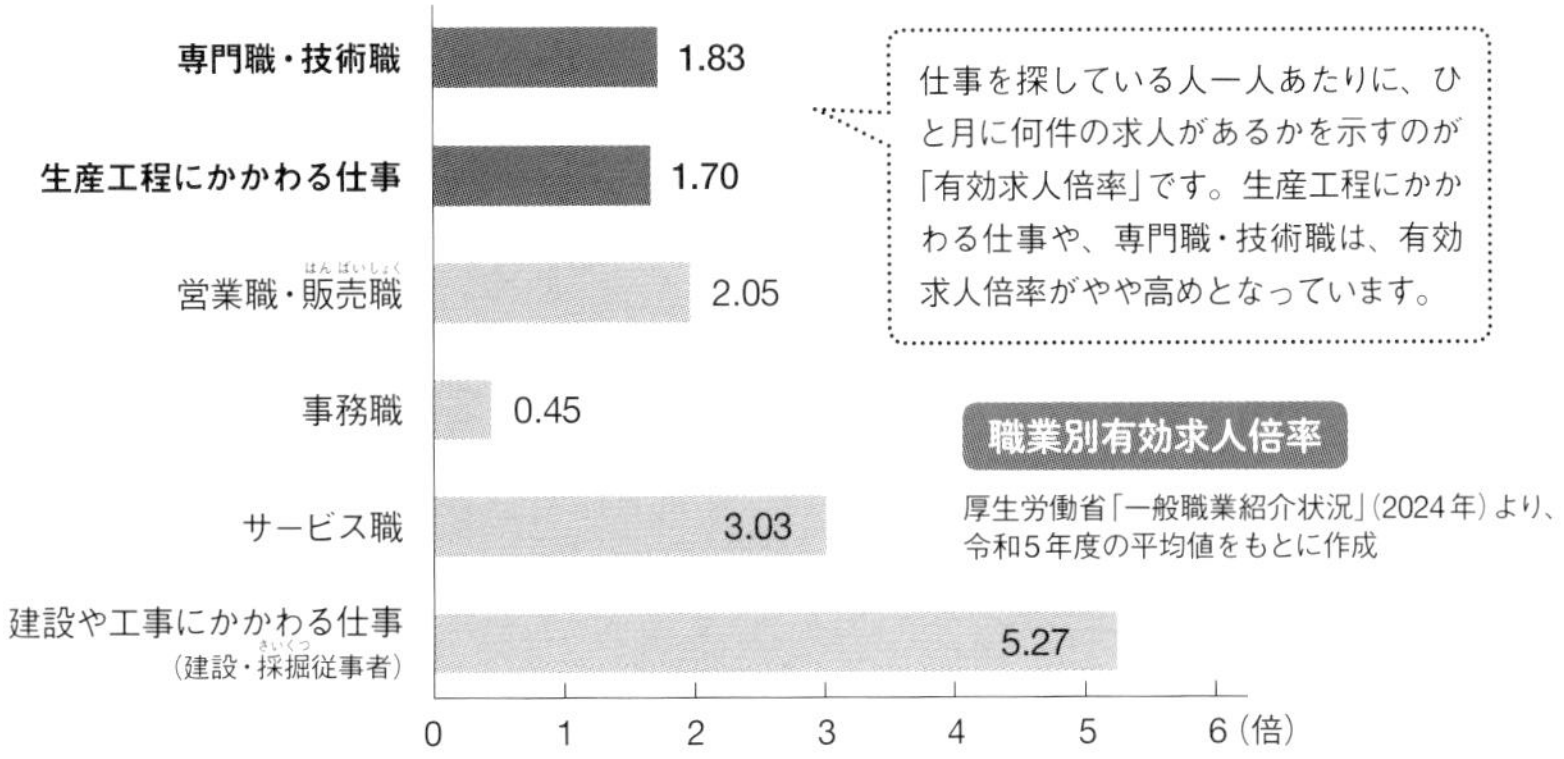

職業別有効求人倍率

厚生労働省「一般職業紹介状況」（2024年）より、令和5年度の平均値をもとに作成

年間新規求人数の変化

厚生労働省「一般職業紹介状況」（2023年・2024年）をもとに作成

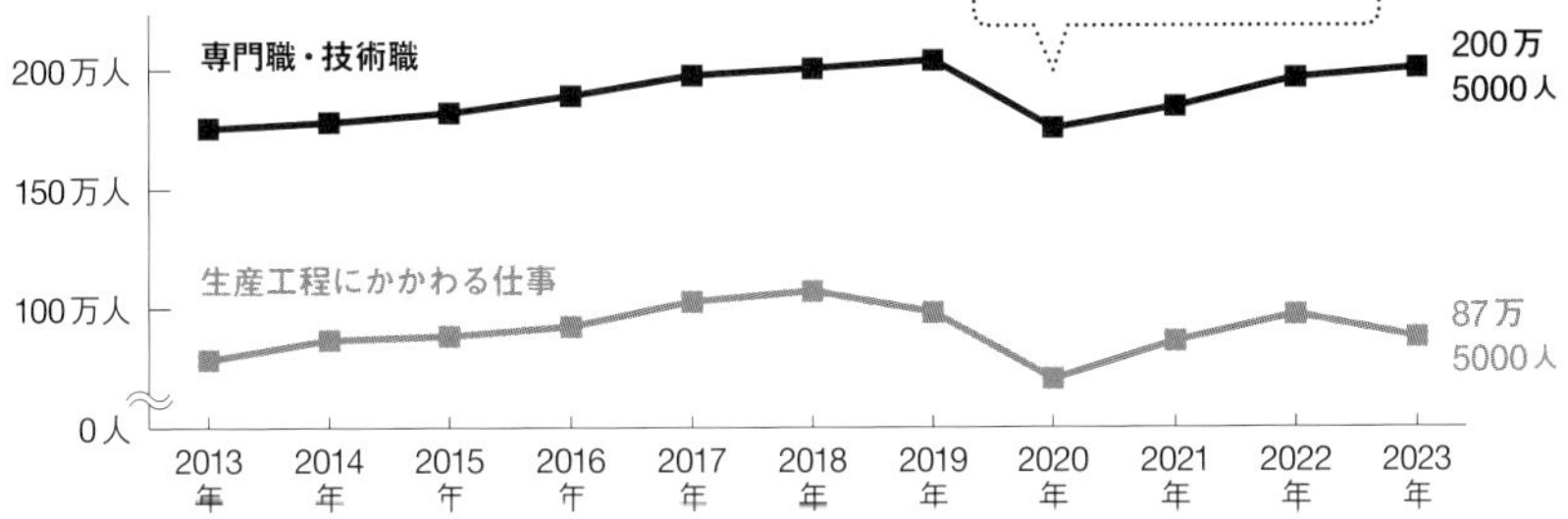

理系の職種に関しては人材不足で就職しやすい状況《じょうきょう》

どんな職業でもそうですが、一般的《いっぱんてき》に経験を重ねると収入はアップしていきます。そのため、年齢《ねんれい》が高いほど収入も多いという傾向《けいこう》があります。また、どの職種でも、昇進《しょうしん》して管理職に就《つ》くと収入が増えます。ただし、研究職の場合は、管理職にならなくても、スペシャリストとして専門性を高めていくことで、専門研究員として、管理職なみの給《きゅう》与《よ》をもらえることがあります。

就職に関しては、研究職や技術職といった理系の職種は人材不足で、求人が多く就職しやすい状況《じょうきょう》が続いています。大学で理系分野を専攻《せんこう》していれば、就職先を見つけることはそれほど難しくはありません。

商品《しょうひん》企《き》画《かく》職《しょく》は文系の人気職種なので、競争率は高いです。とはいえ、どんな業界にも商品《しょうひん》企《き》画《かく》の仕事はあるので、さまざまな会社の求人をチェックしてみるとよいでしょう。

？「つくる仕事」は、これからどうなっていく？

機械やAI《エーアイ》が代わりにできることって…？

得意
・ルールに従って正確にすばやく情報を処理できる
・つかれないので長時間働き続けられる

苦手
・ゼロから新しいものを生み出す
・自由に想像して考える
・共感するなど、相手の気持ちに寄りそう

機械やAI《エーアイ》にできること
・数字やデータの入力
・ルールにもとづく計算や分類
・単純な機械の操作
・機械の動作などの監視《かんし》

人間でないと難しいこと
・新たな価値の創造
・問題解決の方法を提案
・予期せぬトラブルへの対応
・関係する部署間の調整

テクノロジーの発達によって、技術者の仕事は増える見こみ

デジタル化やAI《エーアイ》技術の活用が進むなかで、将来的にはなくなる職業もあるといわれています。「つくる仕事」はどうでしょうか。

今のところ、AI《エーアイ》にはゼロから新しいものを生み出すことはできません。研究職や技術職、商品《しょうひん》企画《きかく》職《しょく》といった仕事を、機械が代わりに行うことはできないのです。ただし、仕事の一部を機械に行わせることで、業務を効率化することはできます。デジタル技術を用いたデータの分析《ぶんせき》や計算、生産工程の自動化などは、すでに多くの会社で進められています。さらなるデジタル技術の活用を進めるため、専門的な知識をもつ技術職の仕事は、今後さらに増えると見こまれています。

大学生の学科別割合

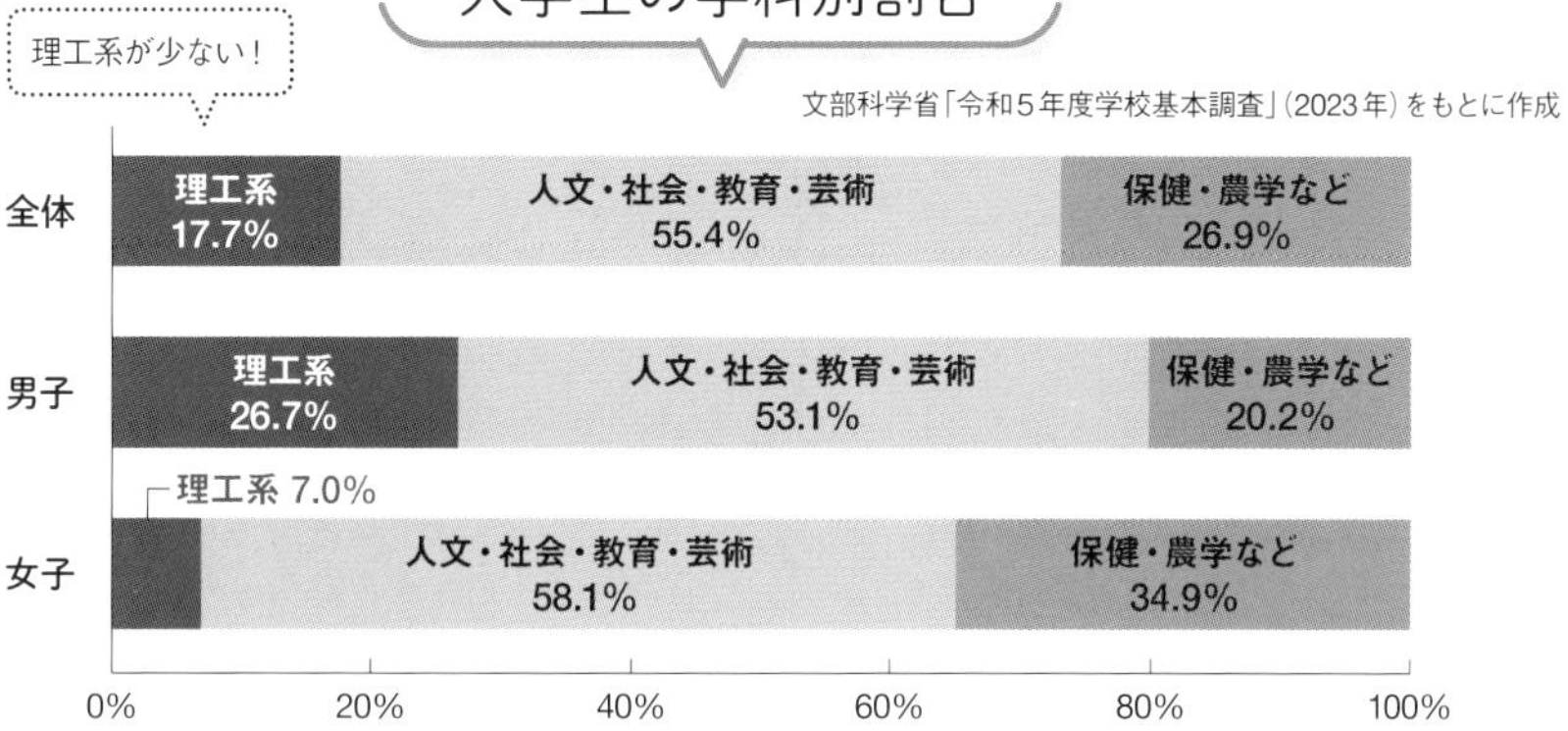

国別に見た女子学生にしめる理工系の割合

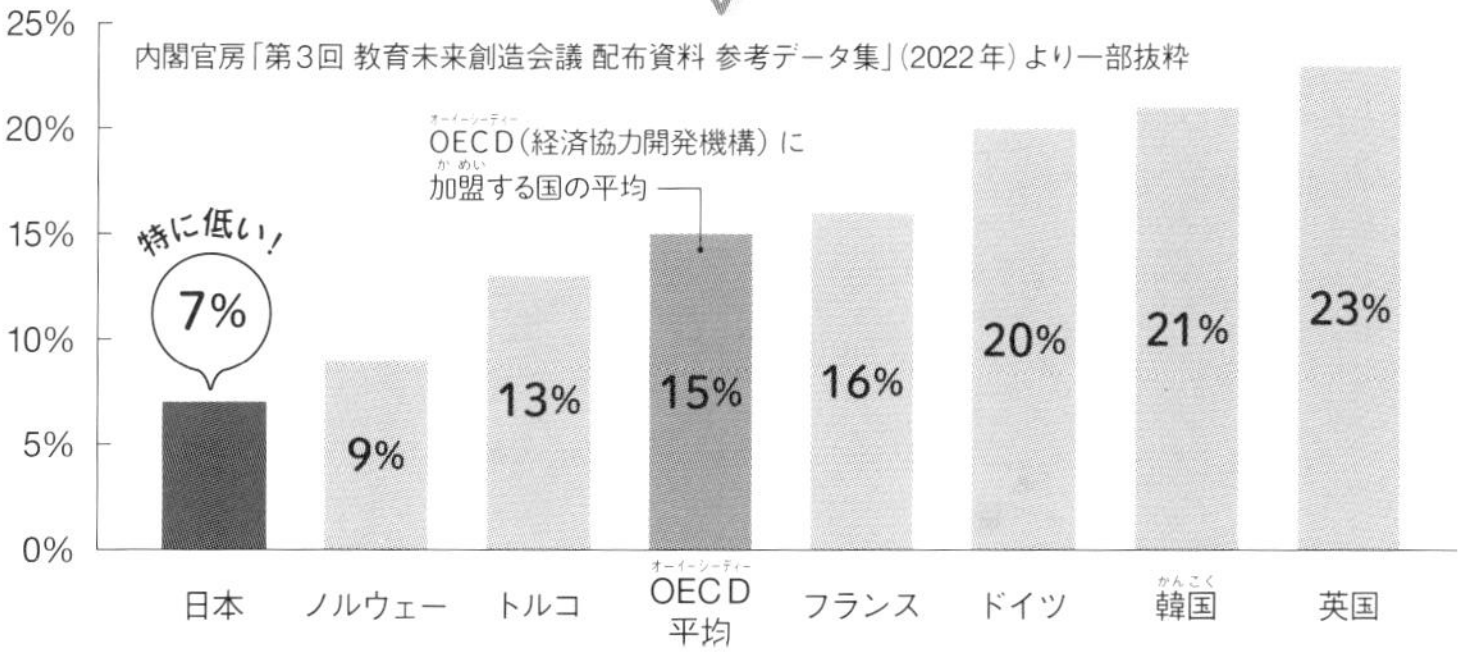

理系人材の育成と、女性比率を増加させることが課題

今後産業として大きく成長すると考えられているのは、デジタル・AI《エーアイ》・グリーン（脱炭素化などの環境《かんきょう》分野）といった、理系が活《かつ》躍《やく》する分野ですが、日本の大学では文系に比べて理系の学生が少なく、人材不足が心配されています。そこで国は、理系の学部や学科の新設・転換《てんかん》をうながす事業を始めました。理系分野を専攻《せんこう》する大学生の割合を、2032年ごろまでに大幅《おおはば》に増やすことを目標に設定しています。

また同時に、国は女性の理系人材を増やすことにも力を入れています。諸外国に比べて極端《きょくたん》に低い理工系学部の女子学生の割合を増やすため、入試に「女子枠《じょしわく》」を設け、理工系分野への女子の進学を後押《あとお》しする大学が増えています。今後、理工系学部へ進学する女子が増え、理系の職種で女性比率が高まることが期待されています。

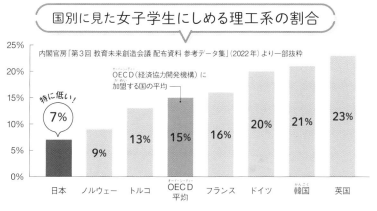

？「つくる仕事」の職場体験って、できる？

資材メーカーでの職場体験（例）

話を聞く

まずは、つくっている商品や製造工程について、話を聞かせてもらいます。この会社では、物流に使う資材をつくっています。

見学する

説明を聞いたあとは、生産現場である工場を見学。製造に使う機械や、使っているところを見せてもらいます。

体験する

実際に製造作業の一部を体験。指導を受けながら、精密機器の輸送などに使うロールマットの製造を体験します。

写真提供：株式会社マルイチ

メーカーなどの職場体験で、ものづくりの現場を見学・体験

「つくる仕事」があるのは、各種メーカーのほかに、中小の製作所や工務店などです。家を建てたりリフォームしたりする住宅関連の会社、ＩＴ《アイティー》系の会社も、「つくる仕事」がある職場です。職場体験の行き先を自分で選べる場合は、そこにどんな「つくる仕事」があるか、調べたうえで選ぶとよいでしょう。

地元の中小企業《きぎょう》では、職場体験を受け入れていることが多いです。メーカーであれば、製造の現場を見学するだけでなく、実際に製造作業の一部を体験させてもらえることもあります。作業をするときは、受け入れ先の会社の人の話をよく聞いて、安全に十分に気をつけましょう。

職場体験の心がまえ

ありがとう
ございます!
おはよう
ございます!

身だしなみを整え、態度や話し方はていねいに

学校や受け入れ先から指定された服装で、だらしなく見えないように身だしなみを整えます。態度や話し方も、いつもよりていねいさを心がけましょう。

大きな声でしっかりとあいさつしよう!

あいさつはマナーの基本。朝や帰りのあいさつ、お礼など、相手に聞こえるように大きな声でしっかりと伝えましょう。返事も「はい!」と元気よく。

わからないことや知りたいことは積極的に質問

受け入れ先のみなさんは、いそがしいなか、職場体験のために時間をとってくれています。せっかくのチャンスなので、積極的に質問して、多くのことを学んでください。

職場体験そのものが将来の仕事に役立つ経験

「つくる仕事」は、直接お客さまと接する機会がそれほど多くない仕事です。とはいえ、社会人として働く以上、基本的なビジネスマナーを身につけておく必要があります。職場体験は、将来仕事をするときに求められるビジネスマナーの基礎《きそ》を身につける機会でもあります。大きな声でしっかりあいさつをする、身だしなみを整える、ていねいな態度や話し方を心がけるなど、基本的なことをしっかり実践《じっせん》しましょう。

職場体験以外でも、工場見学をさせてくれるメーカーが各地にあります。インターネットなどで調べて、足を運んでみてください。また、家族や親戚《しんせき》に「つくる仕事」にたずさわる人がいれば、話を聞いてみるとよいでしょう。大規模な工場の見学と、中小企《き》業《ぎょう》で実際にものづくりをする体験と、両方経験できると、イメージが広がります。

索引

さ

●取材協力（掲載順・敬称略）

コクヨ株式会社

ライオン株式会社

キヤノン株式会社

トーヨーケム株式会社（artienceグループ）

エーザイ株式会社

株式会社スクウェア・エニックス

株式会社ツインバード

株式会社アシックス

株式会社マルイチ

●アンケート調査協力

学校法人 明星学苑　明星中学校

監修／西山《にしやま》 昭彦《あきひこ》

立命館大学客員教授、明星大学特別顧問・客員教授。博士（経営学）。一橋大学社会学部卒業後、東京ガス株式会社入社。ロンドン大学大学院留学、ハーバード大学大学院修士課程修了。法政大学大学院博士後期課程修了。法政大学客員教授、東京ガス都市生活研究所長、一橋大学特任教授、三菱商事株式会社社外取締役、立命館大学教授を経て2023年4月より現職。ビジネスパーソンの生涯キャリア研究をメインテーマとし、著書は64冊におよぶ。

編著／WILL《ウィル》こども知育研究所《ちいくけんきゅうじょ》

子ども向けの知育教材・書籍の企画・開発・編集を行う。2002年よりアフガニスタン難民の教育支援活動に参加、2011年3月11日の東日本大震災後は、被災保育所の支援活動を継続的に行っている。主な編著に『医療・福祉の仕事 見る知るシリーズ』、『暮らしを支える仕事 見る知るシリーズ』、『?(ギモン)を!(かいけつ) くすりの教室』全3巻、『からだのキセキ・のびのび探求シリーズ』全3巻、『はじめて学ぶ精神疾患』全4巻（いずれも保育社）など。

会社員《かいしゃいん》の仕事《しごと》 見《み》る知《し》るシリーズ

つくる仕事《しごと》の一日《いちにち》―商品《しょうひん》企画《きかく》・開発《かいはつ》・生産《せいさん》

2024年10月25日発行　第1版第1刷©

監　修　西山《にしやま》 昭彦《あきひこ》
編　著　WILL《ウィル》こども知育研究所《ちいくけんきゅうじょ》
発行者　長谷川 翔
発行所　株式会社保育社
〒532-0003
大阪市淀川区宮原3－4－30
ニッセイ新大阪ビル16F
TEL 06-6398-5151
FAX 06-6398-5157
https://www.hoikusha.co.jp/
企画制作　株式会社メディカ出版
TEL 06-6398-5048（編集）
https://www.medica.co.jp/
編集担当　中島亜衣／二畠令子
編集協力　株式会社ウィル
執筆協力　小川由希子／清水理絵
装　幀　大藪胤美／岩瀬恭子（フレーズ）
写　真　田辺エリ
イラスト　青山京子（本文）
スリーペンズ 川上ちまき（カバー）
印刷・製本　株式会社精興社

ISBN978-4-586-08688-7　Printed and bound in Japan

乱丁・落丁がありましたら、お取り替えいたします。